L'immigration
ou
Les paradoxes de l'altérité

1. L'illusion du provisoire

COLLECTION « COURS ET TRAVAUX »

PIERRE BOURDIEU
Science de la science et réflexivité

QUENTIN SKINNER
L'Artiste en philosophe.
Ambrogio Lorenzetti et le Bon gouvernement

FRANCK POUPEAU
Une sociologie d'État.
L'école et ses experts en France

PIERRE BOURDIEU
Esquisse pour une auto-analyse

BRUNO AMABLE
STEFANO PALOMBARINI
L'économie politique
n'est pas une science morale

TERRY SHINN
PASCAL RAGOUET
Controverses sur la science.
Pour une sociologie transversaliste de l'activité scientifique

NICOLAS GUILHOT
Financiers philanthropes.
Sociologie de Wall Street

ABDELMALEK SAYAD

L'immigration ou Les paradoxes de l'altérité

1. L'illusion du provisoire

RAISONS D'AGIR ÉDITIONS

Édition établie par Alexis Spire.
Avec le concours de l'Association des amis de Sayad.

Éditions RAISONS D'AGIR
27, rue Jacob, 75006 Paris

editions@raisonsdagir-editions.org

NOTE DES ÉDITIONS RAISONS D'AGIR

L'ouvrage d'Abdelmalek Sayad *L'Immigration ou les paradoxes de l'altérité* n'était plus disponible. Ce recueil d'articles paru en 1991 aux éditions De Boeck (Bruxelles) constitue une analyse essentielle des contradictions inhérentes à la condition d'immigré. Avec l'accord de Rebecca Sayad, qu'elles remercient vivement, les éditions Raisons d'agir ont choisi de le republier* sous la forme de trois volumes séparés et réorganisés autour de problématiques autonomes. Cette nouvelle édition, établie par Alexis Spire, est augmentée d'éléments contextuels utiles à la lecture ; certaines données statistiques sont actualisées.

Les textes rassemblés dans ce premier volume ont été écrits à des périodes différentes, à la fin des années 1970 pour les deux premiers et au milieu des années 1990 pour le troisième. Ils ont pour point commun de montrer que la présence d'étrangers dans un espace national est toujours pensée comme provisoire, alors même que la réalité dément cette représentation, entretenue par les migrants d'une part et par les États d'immigration et d'émigration d'autre part. Dans « Qu'est-ce qu'un immigré », Sayad montre que la raison d'être de ce provisoire, c'est le travail, en tant que légitimation ultime du phénomène migratoire, de l'émigration et de l'immigration. « Le foyer des sans famille » révèle la forme que prend ce provisoire dans le domaine du logement : une forme d'habitat assignant les immigrés à un logement d'urgence, construit à titre provisoire pour des hommes arrivés dans l'urgence. Le texte sur le retour vient parachever la démonstration : l'idée du retour y est présentée comme un élément constitutif du phénomène migratoire, plus précisément comme la possibilité illusoire que tout redevienne comme avant et que le provisoire, qui s'est inscrit durablement dans l'espace et les représentations, ne devienne pas définitif.

---

* Seul le chapitre « El Ghorba » n'a pas été repris. Il figure dans *La Double Absence. Des illusions de l'émigré aux souffrances de l'immigré*, Paris, Seuil, 1999.

PRÉFACE DE PIERRE BOURDIEU (1991)

« [La valise] ressemblait à présent à celles que l'on voit dans les gares ou les aéroports, portées sur une épaule par l'un ou l'autre de ces émigrants flottant dans leurs vêtements élimés, avec leurs identiques visages fiévreux, rongés, leurs identiques regards exténués, leurs identiques chaussettes mauves à baguettes et leurs minces chaussures aux talons tournés, indistinctement unis (ou rejetés) dans cette imprécise famille (ou ethnie) aux joues creuses, à la peau grisâtre, errant, chassés de ports, de gares en gares et de taudis en taudis par quelque inapaisable malédiction, eux, leurs ribambelles d'enfants, leurs lourdes et prolifiques femmes trottinantes aux yeux baissés, excisées et empaquetées de voiles, leurs bagages de carton comptés et recomptés à chaque changement de train ou de bateau, ouverts sur les quais, laissant apparaître leurs poignants contenus de hardes, de réveille-matin, de cassolettes, de coucous suisses et de tours Eiffel dorées, triés du bout du pied par les douaniers ou les gendarmes, rempaquetés, remballés, répartis à nouveau un à un dans les cartons consolidés ou plutôt emmaillotés de cordelettes ébarbées avec cette méticulosité, cette indécourageable ferveur et cette infinie patience des pauvres. »

CLAUDE SIMON, *Les Géorgiques*

Avec Abdelmalek Sayad, le sociologue se fait écrivain public. Il donne la parole à ceux qui en sont le plus cruellement dépossédés, les aidant parfois, autant par ses silences que par ses questions, à trouver leurs mots, à retrouver, pour dire une expérience qui la contredit en tout, les dires et les dictons de la sagesse ancestrale, les « mots de la tribu » qui décrivent leur exil, *elghorba,* comme un occident, une chute dans les ténèbres, un désastre obscur. Cela sans jamais s'instituer en porte-parole, sans jamais s'autoriser de la parole donnée, comme tant de défenseurs impudents des bonnes causes, pour donner des leçons ou exhiber des bons sentiments. « N'avoir que des frères, que des oncles partout ; faire du premier venu son frère, son père, son oncle, il faut vraiment n'être rien, n'avoir aucune estime de soi pour se donner en spectacle de la sorte » – celui qui lui parle ainsi ne peut le faire que parce qu'il voit, à toute son attitude, qu'il peut, sans risque d'offense, lui tenir ce langage : la dignité reconnaît la dignité. Il y a une manière de « fraterniser » qui renferme une forme de mépris de soi et de l'autre. Sayad ne fraternise pas ; il est fraternel. Il n'est pas de ceux qui vont au « peuple », qui déclarent leur amour d'un « peuple » de paroles et de la parole du « peuple ». Mais il est là, jour après jour, depuis plus de trente ans maintenant, dans son village de Kabylie, dans les « regroupements » de l'Ouarsenis ou de la presqu'île de Collo, dans les bidonvilles d'Alger ou de Constantine et, aujourd'hui, dans les « cités » de Marseille ou de Villeurbanne, de Nanterre ou de Saint-Denis ; il est là, et il écoute, et il enregistre, et il transcrit, et il transmet, sans phrases, les paroles qu'il attire et accueille, telles la confession, digne d'un personnage de Beckett, d'un balayeur mélancolique, ou les confidences d'une étudiante « beur », avec une sympathie sans pathos, une complicité sans naïveté, une compréhension sans complaisance ni condescendance. Il fait partie du tout petit nombre de personnes avec qui l'on peut se présenter devant un paysan kabyle ou béarnais, un ouvrier algérois ou parisien. La discrétion et la dignité, la justesse de ton et la pudeur qu'il met dans l'échange avec ses interlocuteurs se retrouvent dans la manière dont il rend compte de leurs propos. Refusant les solidarités ostentatoires tout autant que les dénonciations tapageuses, il paraîtra tiède, voire timoré, aux amateurs d'engagements péremptoires : n'est-il pas obligé de se justifier, dans une note, de parler à peine d'une grève de la Sonacotra, pourtant bien faite pour susciter les déplorations dramatiques, alors qu'il vient de décrire, avec une ferveur contenue, tout ce qui, dans l'existence ordinaire des hébergés, rend cette grève sensée et nécessaire ? Et comment ne pas repenser, ici, à ces soirs de l'été 1960 où, avec notre ami commun Moulah Hennine, assassiné peu après par l'OAS, nous devions essayer de convaincre tel des jeunes militants de l'UNEF venus avec moi pour mener une enquête dans les derniers moments de l'Algérie coloniale, et proprement effrayés de tout ce qu'ils découvraient, qu'il ne servait à rien de s'indigner, de déplorer, ou de détester, ni d'ailleurs de consoler ou d'assister, et qu'il fallait avoir le courage de se résigner – la mort dans l'âme, mais nous ne le disions pas – à écouter, à regarder et à témoigner, du mieux possible, de ce que nous avions vu et entendu ?

Toutes ces vertus, dont ne traitent jamais les manuels de méthodologie, et aussi une incomparable maîtrise théorique et technique, associée à une connaissance intime de la langue et de la tradition berbères, étaient indispensables pour affronter un objet qui, comme les problèmes dits de « l'immigration », ne sont pas de ceux que l'on peut mettre entre toutes les mains. Les principes de l'épistémologie et les préceptes de la méthode sont de peu de secours, en ce cas, s'ils ne peuvent s'appuyer sur des dispositions plus profondes, liées, pour une part, à une expérience et à une trajectoire sociale. Et il est clair qu'Abdelmalek Sayad avait mille raisons de voir d'emblée ce qui, avant lui, échappait à tous les observateurs : abordant l'« immigration » – le mot le dit – du point de vue de la société d'accueil qui ne se pose le problème des « immigrés » que pour autant que les immigrés lui « posent des problèmes », les analystes omettaient en effet de s'interroger sur les causes et les raisons qui avaient pu déterminer les départs et sur la diversité des conditions d'origine et des trajectoires. Premier geste de rupture avec cet ethnocentrisme inconscient : Abdelmalek Sayad rend aux « immigrés », qui sont aussi des « émigrés », leur origine, et toutes les particularités qui lui sont associées et qui expliquent nombre de différences constatées dans les destinées ultérieures. Mais ce n'est pas tout : dans un article paru dans *Actes de la recherche* dès 1975, c'est-à-dire bien avant l'entrée de l'« immigration » dans le débat public, il déchire le voile d'illusions qui dissimulait la condition des « immigrés », et révoque le mythe rassurant du travailleur importé qui, une fois nanti d'un pécule, repartirait au pays pour laisser place à un autre. Surtout, en regardant de près les détails les plus infimes et les plus intimes de la condition des « immigrés », en nous introduisant par exemple au plus secret des souffrances liées à la séparation à travers une description des moyens qu'ils emploient pour communiquer avec le pays, ou en nous menant au cœur de la contradiction constitutive d'une vie impossible et inévitable au travers d'une évocation des mensonges innocents par lesquels se reproduisent les illusions à propos de la terre d'exil, il dessine à petites touches un portrait saisissant de ces « personnes déplacées », dépourvues de place appropriée dans l'espace social et de lieu assigné dans les classements sociaux. Comme Socrate, l'immigré est *atopos*, sans lieu, déplacé, inclassable. Rapprochement qui n'est pas là seulement pour ennoblir, par la vertu de la référence. Ni citoyen ni étranger, ni vraiment du côté du Même ni totalement du côté de l'Autre, l'« immigré » se situe en ce lieu « bâtard » dont parle aussi Platon, la frontière de l'être et du non-être social. Déplacé, au sens d'incongru et d'importun, il suscite l'embarras ; et la difficulté que l'on éprouve à le penser – jusque dans la science, qui reprend souvent, sans le savoir, les présupposés ou les omissions de la vision officielle – ne fait que reproduire l'embarras que crée son inexistence encombrante. De trop partout, et autant, désormais, dans sa société d'origine que dans sa société d'accueil, il oblige à repenser de fond en comble la question des fondements légitimes de la citoyenneté et de la relation entre l'État et la Nation ou la nationalité. Présence absente, il nous oblige à mettre en question non seulement les réactions de rejet qui, tenant l'État pour une expression de la Nation, se justifient en prétendant fonder la citoyenneté sur la communauté de langue et de culture (sinon de « race »), mais aussi la « générosité » assimilationniste qui, confiante que l'État, armé de l'éducation, saura produire la Nation, pourrait dissimuler un chauvinisme de l'universel. Entre les mains d'un tel analyste, l'« immigré » fonctionne, on le voit, comme un extraordinaire analyseur des régions les plus obscures de l'inconscient.

INTRODUCTION[1]

Ce qu'on appelle *immigration,* et dont on traite comme telle en un lieu et en une société, s'appelle ailleurs, en une autre société ou pour une autre société, *émigration.* Ainsi que deux faces d'une même réalité, l'émigration demeure l'autre versant de l'immigration, en laquelle elle se prolonge et survit, et qu'elle continuera à accompagner aussi longtemps que l'immigré, ce double de l'émigré, n'a pas disparu ou n'a pas été oublié définitivement en tant que tel – et encore, cela n'est pas sûr absolument, car l'émigré en tant que tel peut être oublié par la société d'émigration plus facilement et avant même qu'il ait cessé d'être appelé du nom d'immigré. Et, à mesure que les contacts de l'immigré avec la société qui l'agrège à elle se prolongent, s'élargissent et s'intensifient, c'est-à-dire à mesure que l'immigré sort de la sphère où le cantonnent traditionnellement le statut et la condition qui lui sont assignés, à mesure qu'il gagne à lui des espaces nouveaux (certains inédits, comme l'espace politique), allant jusqu'à démentir la définition dominante qu'on donne de lui et de l'immigration, et jusqu'à remettre en cause la représentation qu'on a de lui et qu'il a de lui-même, le traitement social et le traitement scientifique, celui-ci étant souvent sous la dépendance de celui-là, réservés à l'immigré et, plus largement, à tout le phénomène de l'immigration, gagnent en extension et en compréhension.

Produit, le plus souvent, d'une problématique imposée de l'extérieur, et à laquelle il n'est pas toujours facile d'échapper, le discours (scientifique ou non) tenu sur l'immigré et sur l'immigration se condamne, pour pouvoir parler de son objet, à le coupler avec toute une série d'autres objets ou d'autres problèmes. Est-il d'ailleurs possible d'en parler autrement ? Il est dans le statut de l'immigré (statut tout à la fois social, juridique, politique, et aussi scientifique) et, par suite, dans la nature même de l'immigration de ne pouvoir être nommés, de ne pouvoir être saisis et traités qu'à travers les différents problèmes auxquels ils sont associés – problèmes qu'il faut entendre, ici, au sens de difficultés, d'ennuis, de dommages, etc., plus qu'au sens d'une problématique constituée de manière critique en vue de l'étude d'un objet qui fait nécessairement problème et qui, caractéristique qui lui est propre, n'existe, à la limite, que par les problèmes qu'il pose à la société. Sans doute la problématique vraie et appropriée à ce domaine devrait-elle commencer par se donner comme premier problème, comme problème préalable, le fait qu'il s'agit d'un objet qui fait problème[2].

C'est sans doute une banalité, mais une banalité qu'il importe de rappeler ici, que de dire que l'immigration est un « fait social total », seule caractéristique, d'ailleurs, qui rencontre l'accord de la communauté scientifique. Et, à ce titre, c'est tout l'itinéraire de l'immigré qui est un itinéraire épistémologique, un itinéraire qui se donne comme situé, en quelque sorte, au carrefour des sciences sociales, comme le lieu géométrique d'un grand nombre de disciplines : l'histoire, la géographie, la démographie, l'économie, le droit, la sociologie, la psychologie et la sociopsychologie et même les sciences cognitives, l'anthropologie sous ses différentes formes (sociale, culturelle, politique, économique, juridique, etc.), la linguistique et la sociolinguistique, la science politique, etc. Certes, l'immigration est, en premier lieu, un déplacement de personnes dans l'espace et, d'abord, dans l'espace physique ; en cela, elle relève, par priorité, des sciences qui ont à connaître de la population et de l'espace, c'est-à-dire, en gros, de la démographie et de la géographie, d'autant plus que celle-ci, ayant à traiter de l'occupation des territoires et de la répartition de la population, est portée à s'annexer celle-là – ce n'est pas sans raison que la démographie est affaire, pour partie, de géographes et, pour partie, d'historiens. Mais l'espace des déplacements n'est pas seulement un espace physique, il est aussi un espace qualifié sous de multiples rapports, socialement, économiquement, politiquement, culturellement (surtout à travers les deux réalisations culturelles que sont la langue et la religion), etc.

Chacune de ces spécifications et chacune des variations de ces mêmes spécifications peut être l'objet d'une science particulière.

« Fait social total », cela est vrai ; parler de l'immigration, c'est parler de la société en son entier, dans sa dimension diachronique, c'est-à-dire dans une perspective historique (histoire démographique et histoire politique de la formation de la population française), et aussi dans son extension synchronique, c'est-à-dire du point de vue des structures présentes de la société et de leur fonctionnement ; mais à condition qu'on ne prenne pas délibérément le parti de mutiler cet objet d'une partie de lui-même, la partie relative à l'émigration. Certes, l'immigré n'existe, pour la société qui le nomme comme tel, qu'à partir du moment où il en franchit les frontières et en foule le territoire ; l'immigré « naît » de ce jour à la société qui le désigne de la sorte. Aussi celle-ci s'autorise-t-elle à tout ignorer de ce qui précède ce moment et cette naissance.

C'est là une autre version de l'ethnocentrisme : on ne connaît que ce qu'on a intérêt à connaître, on ne comprend que ce qu'on a besoin de comprendre, le besoin de savoir crée le savoir ; on ne porte intellectuellement intérêt à un objet social qu'à la condition que cet intérêt soit porté par d'autres intérêts. Tout se passe comme si le partage du travail intellectuel en cette matière, se conformant au partage de l'intérêt qu'on a pour l'un ou l'autre aspect de la réalité, reproduisait le partage qui est fait de l'objet en émigration et immigration : à la société d'immigration et à la réflexion interne à la société d'immigration le travail sur l'immigration et le travail de constitution de la science de l'immigration ; à la société d'émigration et à la réflexion interne à cette société le soin de prendre en charge le travail intellectuel sur l'émigration – celui-ci consistant, en gros, en l'analyse des causes « endogènes » de l'émigration et des effets en retour, effets « exogènes », de cette même émigration. Ce partage participe, somme toute, de la même relation de domination, de la même dissymétrie ou inégalité dans les rapports de force qui sont à l'origine et sont constitutives du phénomène migratoire ; et c'est, sans doute, dans ce déséquilibre d'allure scientifique – déséquilibre auquel on n'accorde pas toute l'importance voulue – que se donne à voir le plus manifestement le rapport de force qui est au principe du phénomène de l'émigration et de l'immigration.

C'est dans ce contexte de totale certitude quant à la nature fondamentalement pratique et profondément intéressée du savoir qu'on a à constituer de l'immigration, et aussi quant à la légitime réduction de ce savoir au seul aspect qu'on se donne comme utile à connaître, c'est-à-dire l'aspect « immigration », que prend racine et se développe ce qu'on a appelé une « problématique imposée[3] ». Autant la société d'immigration est portée, on le comprend facilement, à investir le fait de l'immigration durant son accomplissement – c'est pour elle une affaire d'ordre public ou, en d'autres termes, une nécessité de la vie pratique –, autant elle est indifférente, à bon droit lui semble-t-il, aux conditions et aux circonstances qui gouvernent l'émigration, se considérant comme totalement étrangère, nullement concernée et encore moins intéressée par ce type de préoccupations. Et quand, par exception, elle est amenée à s'interroger sur la « naissance » à l'immigration, c'est-à-dire, en fait, sur la naissance de l'émigration, elle est portée, par une manière d'ethnocentrisme d'ordre tout à fait pratique, vision « endogène » d'une réalité qui est extérieure et qui dépasse le champ de ses attributs et de ses compétences, à en rechercher les causes, la raison, le principe explicatif dans ses propres structures internes (ses structures économiques, le marché du travail, ses structures démographiques, ses structures sociales, etc.).

Ainsi, toute une série de facteurs de tous ordres sont constitués comme autant de causes susceptibles de rendre compte du recours qui a été fait aux travailleurs étrangers, donc à l'immigration ; ces facteurs ne sont pas seulement explicatifs, mais, une chose valant l'autre, ils ont aussi une fonction de légitimation, c'est-à-dire d'arguments devant justifier une présence qui, autrement, serait impensable, voire scandaleuse à tous les points de vue, intellectuellement, politiquement, culturellement, éthiquement, etc. On a invoqué à cet effet le déficit démographique, déficit structurel dû à la faiblesse déjà ancienne et constante du taux de natalité, et aggravé conjoncturellement pendant les périodes de guerre (besoins en hommes pour l'industrie de la guerre et pour suppléer les réquisitions militaires) et les périodes immédiatement postérieures à la guerre (besoins en hommes pour l'économie de la reconstruction et pour compenser les pertes ainsi que les incapacités physiques dues à la guerre). On a aussi parlé de la forte expansion économique à certaines périodes et de la structure du marché du travail quand l'offre d'emplois devient, au moins dans certains secteurs et pour certains niveaux de qualification (en réalité, il serait plus exact de parler de sous-qualification, ou d'absence totale de qualification), supérieure à la demande locale. Encore faut-il rendre compte de cette distorsion : l'élévation globale du niveau de vie (niveau économique et niveau culturel) se traduit par une désaffection de plus en plus grande et de plus largement partagée de la main-d'œuvre nationale à l'égard de certaines activités, voire de secteurs entiers d'emplois (tâches rebutantes et socialement dévalorisées) et par la réduction progressive du temps de travail et de la durée de la vie active, etc. Sans être faux, ce mode d'explication gagnerait cependant, pour être plus complet et plus convaincant, à se souvenir que l'immigré, avant de « naître » à l'immigration, est d'abord un émigré. On a montré ailleurs la relation dialectique qui unit les deux dimensions du même phénomène, l'émigration et l'immigration ; ou, en d'autres termes, comment, en gros, un même ensemble de conditions sociales a pu engendrer, à un moment donné de l'histoire du processus (ou de l'histoire d'un groupe particulier), une forme particulière d'émigration, c'est-à-dire une classe particulière d'émigrés qui entretiennent, pour ne retenir d'eux que cette seule caractéristique distinctive, un mode particulier de relations avec leur pays (on a appelé cela un « âge de l'émigration »), ces émigrés donnant dans un second temps une classe particulière d'immigrés et, par suite, une forme particulière d'immigration se traduisant, entre autres caractéristiques, par une relation particulière à la société d'immigration et à leur propre condition d'immigrés. En outre, par un effet en retour, l'immigration, en chacune de ses formes (ou en chacun de ses « âges »), retentit sur les conditions qui avaient été à l'origine de l'émigration dans la phase antérieure, contribuant de ce fait à susciter une nouvelle catégorie d'émigrés et d'immigrés[4].

À mesure que l'immigration s'éloigne de la définition orthodoxe et de la représentation « idéale » qu'on s'en donne – au point de démentir l'une et l'autre dans ce qu'elles ont de plus essentiel –, les *paradoxes* (au sens premier du terme : *para-doxa,* à côté de l'opinion) sur lesquels elle s'est constituée se découvrent et les illusions qui sont la condition même de l'avènement et de la perpétuation, ici, de l'immigration et, là, de l'émigration se dévoilent. Ces illusions ne produisent l'effet qu'on leur connaît que parce qu'elles sont collectivement entretenues ; elles sont, par une espèce de complicité objective (*i.e.* à l'insu des intéressés, et sans qu'il y ait pour cela accord concerté), partagées par les trois partenaires que sont la société d'émigration, la société d'immigration et les émigrés/immigrés eux-mêmes, les premiers concernés. S'il y a collusion entre tous ces partenaires, c'est parce que les illusions qui leur sont communes procèdent, en gros, des mêmes catégories de pensée qui sont aussi des catégories sociales, économiques, culturelles, politiques, etc., et, pour tout dire, étatiques (nationales, voire nationalistes).

Dans la mesure où la présence de l'immigré est une présence étrangère, ou est perçue comme telle, les « illusions » associées à cette présence et qui en sont même constitutives, peuvent s'énoncer de la sorte : pour commencer, l'illusion d'une présence nécessairement provisoire (et, corrélativement, si on se place du point de vue de l'émigration, illusion d'une absence elle aussi provisoire) lors même que cette présence (ou cette absence), provisoire en droit, s'avère, dans les faits et toujours après coup – et seulement après coup (on ne saurait trop insister sur le caractère rétrospectif de cette « découverte » et sur la nécessité pratique du retard qu'on met à cette découverte, c'est-à-dire à dissiper l'illusion) –, comme une présence durable, voire définitive (ce qu'on ne peut toutefois avouer ni même s'avouer, car dans la majorité des cas cela est une chose impossible nationalement, voire ontologiquement parlant) ; l'illusion, celle-ci étant gouvernée par celle-là, que cette présence est totalement justiciable de la raison ou de l'alibi qui est à son principe : le travail auquel elle est ou devrait être, en bonne logique, totalement subordonnée ; et, enfin, illusion de la neutralité politique, non pas seulement la neutralité exigée de l'immigré, mais telle qu'elle s'impose au phénomène même de l'immigration (et de l'émigration), dont la nature intrinsèquement politique est masquée, voire niée au profit de la seule fonction économique.

Parce que toutes ces illusions fondatrices sont solidaires, étroitement imbriquées l'une dans l'autre au point de n'en faire qu'une, il suffit de démasquer l'une d'entre elles pour que tout l'édifice qu'elles constituent – c'est-à-dire, somme toute, la figure même de l'immigré dans son orthodoxie – s'écroule. D'ailleurs, à trop durer, n'est-ce pas de la sorte que s'achèvent toutes les immigrations ? Même l'immigration, qui tout au long de son histoire déjà longue a, pour partie, opposé la résistance la plus vive à ce type d'évolution et a été aussi, pour partie, profondément contrariée dans cette évolution, n'aura pas échappé à cet inévitable aboutissement, aux déterminismes qui le gouvernent. On aura compris qu'il s'agit de l'immigration algérienne en France, quand on sait le caractère exemplaire, sous plusieurs rapports, de cette immigration[5] : exemplaire en raison de sa relative précocité – elle fut, semble-t-il, la première en date de toutes les immigrations originaires des pays qu'on nomme les pays du tiers-monde – ; en raison des conditions historiques et du contexte (le cadre colonial) dans lesquels elle naquit et se développa – c'est, notamment, du fait de ce contexte que la France et l'Algérie, le pays colonisateur et sa colonie, ont « inventé », la première, le recours massif, pour les besoins de son industrie, à une main-d'œuvre de colonisés et, la seconde, la mise à la disposition d'un pays industrialisé (ici, la métropole) d'une fraction de « l'armée de réserve » de travailleurs que les nouvelles conditions ont commencé à constituer.

Découlant sans doute de tout ce qui précède, l'immigration algérienne, plus que toute autre, est exemplaire aussi par les fictions qui l'ont portée : née d'abord d'une fiction, celle de devoir émigrer et immigrer uniquement sous l'empire du travail et pour la raison de travail exclusivement ; ensuite s'entretenant et se perpétuant (et, dans le même temps, entretenue et perpétuée) au moyen d'une série de fictions dont, par exemple, la fiction de vivre presque sa vie durant en « étranger » dans une société et dans une économie, dans une culture et dans un ordre politique, à travailler et, en fin de compte, à se reproduire inévitablement – il n'est pas d'immigration, même réputée de travail et exclusivement de travail (si tant est que la chose soit possible), telle l'immigration algérienne en France (depuis, en gros, 1910 jusqu'à après 1950), qui ne se transforme en immigration familiale, c'est-à-dire, au fond, en immigration de peuplement ; et, enfin, maintenant qu'est atteinte l'heure où il faut, qu'on le veuille ou non, se résoudre, comme le commande la logique de l'ordre national, soit au retour définitif, soit à la fusion dans la naturalité (autre manière de nommer la naturalisation), c'est-à-dire, dans les deux cas, à une double fiction : la fiction d'un retour qu'on sait impossible et la fiction d'une naturalisation équivoque[6].

Ainsi, c'est au moment où l'immigration se transforme, pour une grande part, au contact prolongé et de plus en plus intense avec la société ambiante, mais aussi, dans une moindre mesure, sous l'influence de l'évolution qui se dessine à l'échelle internationale (et dont l'un des effets est précisément l'émigration à partir de certains pays, voire de continents entiers, vers un certain nombre d'autres pays, les pays développés, qui sont tous des pays d'immigration ou des pays en train de le devenir) que se dévoile au regard de l'ordre politique de la nation – et des deux nations – la somme des présupposés sur lesquels repose l'immigration (et l'émigration). C'est aussi au moment où se produit cette rupture presque « hérétique » de l'orthodoxie sociale et politique dans laquelle est maintenue l'immigration, au moment où se brouillent les limites entre les groupes – celui des nationaux et celui des non-nationaux, car se brouille le principe de constitution de ces groupes – que les *paradoxes* posés par l'immigration (et par l'émigration) qui jusque-là étaient latents, masqués, comme le veut l'orthodoxie nationale, éclatent au grand jour. Et, sans doute, les discours actuels sur l'immigration, qu'on dit « passionnés » (*i.e.* irrationnels) et qui portent en réalité non pas sur les « autres », sur l'*altérité* (*i.e.* sur ce qui n'est pas soi), mais sur soi, sur *l'identité* de soi – c'est là une des fonctions essentielles du discours sur l'immigration : on parle objectivement de soi quand on parle des autres –, doivent une part importante de la dramatisation (voulue ou non) qui les caractérise au sentiment que l'immigration en sa forme actuelle constitue comme une épreuve pour l'ordre national, une manière de défi pour le conservatisme social et politique auquel tiennent les dominants et, plus largement, tous ceux qui ont intérêt (et souvent des intérêts symboliques plus que des intérêts matériels) au *statu quo.*

On ne peut écrire innocemment sur l'immigration et sur les immigrés ; on ne peut écrire sans se demander ce que c'est qu'écrire sur cet objet, ou, ce qui revient au même, sans s'interroger sur le statut social et scientifique de celui-ci. Objet socialement et politiquement (ou nationalement) surdéterminé, et surdéterminé doublement, dans la mesure où il concerne une population socialement et politiquement dominée – la science du « pauvre », du « petit » (socialement) est-elle une science « pauvre », est-elle une « petite » science ? – et dans la mesure où l'investissement scientifique qu'on y porte est, de plus, mêlé souvent à des investissements d'une autre nature, qui sont comme des partis pris, des prises de position tout à la fois politiques et ethniques, c'est-à-dire des prises de position qui, par-delà l'objet dont il est question et à travers cet objet, engagent une vision du monde social et politique (du monde national). Faut-il, pour ces objets sociaux, se prévaloir des bonnes intentions dont on se proclame et faut-il les faire prévaloir sur l'analyse sociologique lucide (même à ses dépens) et les ériger en un préalable éthique, sorte de manifeste de la bienveillance qu'on y porte, pour pouvoir s'accorder le droit au réalisme sociologique et le droit de décrire en toute objectivité ? En outre, la sociologie, lorsqu'elle s'applique au domaine de l'immigration et, plus généralement, à tous les objets sociaux dominés (les classes populaires, la condition ouvrière, le logement social, le territoire des banlieues, etc.), ne se condamne-t-elle pas à ajuster son système d'interrogations, ses concepts, ses instruments et ses préceptes à la taille (symbolique) socialement déterminée par son objet ?

Ainsi en est-il, par exemple, de la méthode dite « de la biographie reconstituée » : quels qu'en puissent être les mérites – et n'en déplaise à ceux qui veulent voir en cet outil le prélude pour une « sociologie nouvelle » –, ne serait-elle pas seulement une des techniques auxquelles on recourt faute de disposer d'autres ressources et afin de compenser l'indigence de l'objet et, du même coup, celle de la science de cet objet (absence d'une tradition d'études, absence d'archives et de documents objectifs, de données sociales rigoureusement recueillies* et enregistrées, de séries statistiques suffisamment longues et homogènes, etc.). Contre cette sociologie du « petit » (socialement) – c'est-à-dire sociologie des objets situés relativement au bas de la hiérarchie sociale des objets d'étude, ou « petite » sociologie ; on sait que la dignité intellectuelle des objets sociaux est à la mesure de la dignité sociale de ces mêmes objets qu'on a convertis

---

* Depuis quelques années, un travail de recension des archives existantes a été réalisé par l'association Génériques. Pour un inventaire, consulter le site Internet : www.generiques.org [NdE].

en objets intellectuels –, un double procès d'intention peut être facilement et rapidement instruit: le double reproche soit de verser dans une sorte de réductionnisme sociologique, reproche qui, ici, friserait l'accusation de racisme, en son espèce de racisme scientifique; soit de pécher contre l'universalisme de la science. Comment faire une sociologie du « petit » sans que cette sociologie soit « petite » ? On comprend alors certaines stratégies scientifiques (ou de scientifiques) qui croient devoir ennoblir l'objet « indigne » sur lequel elles travaillent, au risque de le dénaturer ou de le noyer dans un autre objet réputé d'une dignité (scientifique) plus élevée, à seule fin d'ennoblir du même coup le travail scientifique effectué sur cet objet.

Arrivé à ce terme, on aurait aimé, en reprenant ces textes déjà anciens pour certains, les soumettre à une analyse critique, en réexaminer le contenu à la lumière précisément de ce qui vient d'être dit des conditions sociales de production des travaux sur l'immigration, à la lumière aussi de tout ce qui a été acquis par les travaux ultérieurs et, plus encore, en tenant compte des changements qui se sont produits dans la réalité sociale, dans la structure de l'ensemble des populations immigrées, objet dont les contours sont de plus en plus difficiles à cerner et qui, de plus, est en proie à de constantes et rapides transformations – si rapides qu'on a l'impression que la science, courant derrière son objet, et l'observation, s'épuisant à les suivre, sont vouées à être constamment en retard par rapport à la réalité étudiée et non pas seulement en retrait de celle-ci, comme cela convient à l'attitude scientifique. On aurait aimé les compléter sur de nombreux points, par exemple les relations différentielles des hommes et des femmes à la condition d'immigré, la restructuration des relations internes à la famille dans le contexte de l'immigration (relations entre époux, entre parents et enfants et, plus largement, entre les sexes et les catégories d'âge), etc., tous points qui, en l'absence de tout le corps d'arguments qu'il aurait fallu produire et, par suite, des développements qu'il aurait été utile d'apporter, restent presque à l'état de simples intuitions.

Et pour finir, on aurait voulu ordonner et organiser les différents textes en un ensemble plus cohérent, résultat dont on ne peut jamais être assuré qu'il sera pleinement atteint ; certes, ce travail en vue d'une systématisation plus poussée aurait pu, par exemple, effacer ou tout au moins réduire ce qui pouvait paraître comme des « redites », mais il aurait sacrifié, du même coup, l'avantage pédagogique de ces répétitions qui sont en réalité des reprises, en chacun des textes et pour chacun des sujets traités, du même schème de pensée qui est chaque fois à l'œuvre dans les différentes opérations de construction de l'objet.

1

QU'EST-CE QU'UN IMMIGRÉ ?

Une des caractéristiques fondamentales du phénomène de l'immigration est que, hormis quelques situations exceptionnelles, il contribue à se dissimuler à lui-même sa propre vérité. Parce qu'elle ne peut pas mettre toujours en conformité le droit et le fait, l'immigration se condamne à engendrer une situation qui semble la vouer à une double contradiction : on ne sait plus s'il s'agit d'un état provisoire mais qu'on se plaît à prolonger indéfiniment ou, au contraire, s'il s'agit d'un état plus durable mais qu'on se plaît à vivre avec un intense sentiment du provisoire.

Oscillant, au gré des circonstances, entre l'état provisoire qui la définit en droit et la situation durable qui la caractérise de fait, la situation de l'immigré se prête, non sans quelque ambiguïté, à une double interprétation : tantôt, comme pour ne pas s'avouer la forme quasi définitive que revêt de plus en plus souvent l'immigration, on ne retient de la qualité d'immigré que son caractère éminemment provisoire (en droit) ; tantôt, au contraire, comme s'il fallait apporter un démenti à la définition officielle de l'état d'immigré comme état provisoire, on insiste avec raison sur la tendance des immigrés à « s'installer » de plus en plus durablement dans leur condition d'immigrés. Parce qu'elle est partagée entre ces deux représentations contradictoires qu'elle s'ingénie à contredire, tout se passe comme si l'immigration avait besoin, pour pouvoir se perpétuer et se reproduire, de s'ignorer (ou de feindre s'ignorer) et d'être ignorée comme provisoire et, en même temps, de ne pas s'avouer comme transplantation définitive. Cette contradiction fondamentale semble être constitutive de la condition même de l'immigré. Elle s'impose à tout le monde : aux immigrés, bien sûr, mais aussi à la société qui les reçoit, ainsi qu'à la société dont ils sont originaires ; elle impose à tous d'entretenir l'illusion collective d'un état qui n'est ni provisoire ni permanent ou, ce qui revient au même, d'un état qui n'est admis tantôt comme provisoire (en droit) qu'à condition que ce « provisoire » puisse durer indéfiniment, et tantôt comme définitif (en fait) qu'à condition que ce « définitif » ne soit jamais énoncé comme tel. Et si tous les partenaires concernés par l'immigration finissent par s'accorder sur cette illusion, c'est sans doute parce qu'elle permet à chacun d'entre eux de composer avec les contradictions propres à la position qu'il occupe, et cela sans avoir le sentiment d'enfreindre les catégories habituelles par lesquelles on pense et on constitue les immigrés ou encore par lesquelles ils se pensent et se constituent eux-mêmes.

Ce sont tout d'abord les premiers intéressés, les immigrés eux-mêmes, qui, entrés comme subrepticement et provisoirement (croyaient-ils) dans une société qu'ils éprouvent comme leur étant hostile, ont besoin de se convaincre, parfois contre les évidences, que leur condition est effectivement provisoire : elle ne saurait être cette antinomie insupportable (une situation théoriquement provisoire mais qui, en fait, se donne objectivement comme définitive ou quasi définitive) que leur renvoient leur expérience et leur itinéraire d'immigrés. Ce sont ensuite les communautés d'origine (quand ce n'est pas la société d'émigration en son entier) qui feignent de considérer leurs émigrés comme de simples absents : si longue que soit leur absence, ces derniers sont appelés de toute évidence (voire par nécessité) à reprendre, identiques à eux-mêmes, la place qu'ils n'auraient jamais dû quitter et qu'ils n'ont quittée que provisoirement. C'est enfin la société d'immigration qui, tout en ayant défini pour le travailleur immigré un statut qui l'installe dans le provisoire en tant qu'il est étranger (en droit, même s'il ne l'est pas toujours ou s'il l'est peu dans les faits) et qui, par là même, lui dénie tout droit à une présence reconnue comme permanente, c'est-à-dire qui soit autrement que sur le mode du provisoire continué ou d'une présence seulement tolérée (si ancienne que soit cette tolérance), consent à le traiter, au moins tant qu'elle y trouve son intérêt, comme si ce provisoire pouvait être définitif ou se prolonger de manière indéterminée.

Tant que l'expansion économique, grande consommatrice d'immigration, avait besoin d'une main-d'œuvre immigrée permanente et toujours plus nombreuse, tout concourait à asseoir et à faire partager par tous cette illusion collective qui est à la base même de l'immigration. En effet, émanant de tous les horizons politiques et sociaux (le patronat en premier lieu, les hommes au pouvoir, mais aussi – et pour des raisons certainement autres que celles des principaux bénéficiaires de l'immigration – les partis politiques et les syndicats de gauche), ce n'était alors – et cela durant des décennies – que proclamations et déclarations qui se voulaient toutes rassurantes ; quels que soient les sentiments qu'on peut nourrir et les opinions qu'on peut avoir à l'égard des immigrés, on n'arrêtait pas d'affirmer qu'ils sont nécessaires, voire indispensables à l'économie et même à la démographie françaises. Le résultat de tout cela est que tout le monde avait fini par croire que les immigrés avaient leur place durablement, une place à la marge et au plus bas de la société certes, mais une place durable : soit que, reconnaissant l'utilité économique et sociale des immigrés, c'est-à-dire les « avantages » qu'ils procurent à l'économie qui les utilise, on veuille leur rendre justice (au moins verbalement) ou encore défendre leurs droits (ceux déjà acquis ou ceux à conquérir, comme le droit à « rester immigrés ») ; soit que, les taxant de parasitisme et estimant ne rien leur devoir, on déplore le « coût social » élevé que leur présence impose à la société[7], de même qu'on se plaît à se convaincre, à leurs dépens (c'est-à-dire à bon compte), des vertus dont on gratifie la société d'accueil et dont on se gratifie par là même (vertu des traditions politiques et sociales qui se veulent toutes humanitaires, libérales, égalitaires, etc.).

Ainsi, l'assurance de la permanence et de la continuité de la présence de l'immigré est partagée par tous et d'abord par les immigrés eux-mêmes. Mais, n'étant jamais acquise une fois pour toutes, cette certitude suppose un travail continuel de réassurance. Elle n'est pas exclusive d'angoisses, de peurs fantasmatiques habitées par la hantise de l'éventualité toujours possible d'un « renvoi » massif: « Et si on nous renvoyait chez nous... ; après tout, nous ne sommes pas chez nous, surtout que nous [sous-entendu : les Algériens], nous avons choisi, nous avons tout fait pour ne pas être chez nous, ici, en France... ; que dirais-tu de l'étranger qui viendrait chez toi et qui s'installerait comme chez lui... tu peux toujours le mettre à la porte!... ; nous ne sommes pas dans notre pays!... » Tout se passe comme si la situation d'aujourd'hui avait pour effet de raviver, même chez les immigrés les plus « assurés » de la pérennité de leur condition d'immigrés, et surtout chez ceux-là, la hantise de la « calamité du renvoi ».

Une fois acquise la conviction de la permanence de leur présence, les immigrés ont commencé à prendre l'habitude de revendiquer, outrancièrement pourrait-on dire, leur droit à une existence pleine et non plus seulement leurs droits partiels de travailleurs immigrés. S'étant écartés des limites qui leur étaient imparties, ayant outrepassé leur rôle d'immigrés, ils ont, dans une certaine mesure, cessé de ressembler à la définition qu'on donnait d'eux. C'était plus qu'on ne pouvait tolérer pour que les immigrés restent des immigrés ; aussi importait-il de revenir à une définition plus stricte de l'immigration et de l'immigré. Cette révision semble d'autant plus facile à opérer que les circonstances actuelles*, parce qu'elles ne sont pas de nature à encourager l'immigration et, bien plus, parce qu'elles servent de prétexte, à tort ou à raison, à un reflux des immigrés (inégalement selon leur appartenance nationale et selon leurs caractéristiques sociales, surtout celles qu'ils ont acquises dans l'immigration), ne peuvent plus autoriser la série de dissimulations dont l'immigration se nourrissait en temps ordinaire. Il suffit donc que les circonstances qui étaient à l'origine de l'immigration (c'est-à-dire les conditions économiques) viennent à changer et, en changeant, viennent à imposer une nouvelle évaluation des profits à tirer des immigrés pour que ressurgisse tout naturellement, contre l'illusion collective qui permettait à l'immigration de se perpétuer, la définition première de l'immigré comme

* Lorsque Sayad écrit ce texte, en 1979, plusieurs mesures visant à la maîtrise des flux d'immigration sont en préparation, en particulier la loi qui sera adoptée à l'initiative du ministre de l'Intérieur Christian Bonnet en janvier 1980. Voir les Repères chronologiques, p. 197 [NdE].

travailleur provisoire et de l'immigration comme séjour littéralement provisoire.

En même temps que se fait cet aveu du provisoire – ce qu'en temps ordinaire on convient de dissimuler –, c'est aussi la vérité objective de ce qu'est l'immigration et de ce qu'est l'immigré (ou un aspect de cette vérité) qui se dévoile. Cette vérité est celle-là même qui préside au bilan comptable des « coûts et avantages comparés » de l'immigration : quels « avantages » y a-t-il à recourir à la main-d'œuvre immigrée et de quels « coûts » paie-t-on l'utilisation de cette main-d'œuvre, « avantages » et « coûts » étant entendus bien sûr dans tous les sens des termes (et pas seulement dans le sens économique) ?

« Coûts » et « avantages » de l'immigration

La « manière de traiter les problèmes de la migration en termes complémentaires ou antithétiques de coûts et avantages » appelle un certain nombre de réserves, les unes d'ordre épistémologique, les autres d'ordre pratique[8].

1° En premier lieu, si utiles que soient les résultats apportés par la méthode, on ne doit pas oublier que dresser mécaniquement le bilan des effets de l'immigration (même les moins visibles ou les plus difficiles à quantifier ou ceux dont la portée est la plus lointaine) et les partager en « coûts » et en « bénéfices » (et cela pour chacune des parties concernées : la société et l'économie utilisatrices de la main-d'œuvre immigrée, la société d'origine et son économie, les immigrés eux-mêmes) n'est rien d'autre, en définitive, que la reprise, en termes comptables, de l'inventaire brutal qu'une certaine théorie économique (*i.e.* la théorie de l'équilibre général) a fini par imposer.

2° De plus, la définition donnée des «avantages» et des «coûts», même si elle est corrigée, même si elle est affinée et atténuée, notamment par la distinction introduite entre effets quantitatifs (c'est-à-dire strictement économiques) et effets qualitatifs (c'est-à-dire, en gros, toutes les autres implications, sociales, politiques, culturelles, etc.) de l'immigration, et entre effets à court terme et effets à plus long terme, reste encore trop absolue: alors que chacun des éléments du tableau d'ensemble qu'offre l'immigration est défini comme «avantage» ou «coût» de manière immuable, en réalité ils sont tous l'objet d'interprétations contradictoires; «bénéfices» ici, «coûts» là ou encore «bénéfices» pour les uns et «coûts» pour les autres, l'impression qui prévaut est celle d'une construction à des fins polémiques: un des meilleurs exemples de cette polémique imposée (en raison des divergences que suscite l'immigration) est fourni par les conclusions radicalement opposées auxquelles aboutissent, à partir de points sensiblement identiques, les rapports connus sous les noms de «Rapport général Anicet Le Pors» et «Rapport Fernand Icart»[9]. Si Anicet Le Pors, inspecteur des finances, ancien élève de l'ENA et surtout membre influent du parti communiste français, reprenant à son compte la problématique des «coûts et avantages» de l'immigration, procède à une évaluation du coût social des immigrés qui va tout à l'encontre des idées reçues ainsi que d'un grand nombre de thèses habituellement admises et apporte ainsi la preuve du caractère relatif de la distinction qu'on aime établir, une fois pour toutes, entre « avantages » et « coûts », le député Fernand Icart se livre à une évaluation en tous points symétrique, portant parfois en coûts ce que son rival traitait comme « avantages ».

3° Les « coûts et avantages » ont été d'abord définis et calculés par la société d'immigration. Mais n'a-t-on pas tendance à transposer à la société d'émigration et la problématique et les techniques d'évaluation, et cela sans toujours s'interroger sur la validité de l'opération et sur les conséquences qu'elle entraîne ? Péchant par un excès d'ethnocentrisme, totalement inadéquate lorsqu'il s'agit d'apprécier les effets plus proprement sociologiques (*i.e.* qualitatifs) de l'émigration, la transposition incontrôlée de la méthode fait bon compte de la spécificité de l'économie des sociétés d'origine des émigrés : si, dans le cas de l'économie développée des sociétés d'immigration, c'est presque un postulat que d'affirmer le primat du calcul car tout est (idéalement) mesurable et calculable et, en fait, tout ou presque y est mesuré et calculé, dans le cas de l'économie des pays sous-développés (puisque telle est la réalité économique de la majorité des pays d'émigration), le primat serait plutôt celui de la *qualité* qui se dérobe au calcul. Comment dès lors réussir la gageure consistant à calculer ce qui par définition se donne comme incalculable ? Comment, par exemple, mesurer les effets qualitatifs de ce qui, ici, est *absence* (c'est-à-dire émigration) ? Comment apprécier, dans le même acte et en même temps qu'on évalue la quantité d'argent introduite du fait de l'émigration (ce qui est habituellement considéré comme un « avantage » pour la société qui reçoit cet argent), les effets que la généralisation de l'usage de la monnaie peut avoir à terme sur l'économie paysanne traditionnelle ? C'est, en réalité, le statut même de l'économie (au sens où on l'entend dans un système économique développé) qui est en cause.

4° Il peut encore être reproché à cette méthode que étant conçue et éprouvée du seul point de vue de l'économie au service de laquelle se placent les immigrés, elle opère, implicitement et parfois explicitement, comme si les « avantages » d'une des deux parties (la société d'immigration ou la société d'émigration) correspondaient nécessairement aux « coûts » supportés par l'autre partie : il n'y aurait de « bénéfices » apportés par les immigrés que ceux qui seraient payés d'un « coût » quelconque par leur société d'origine (ainsi le couple « avantage »/« coût » constitué comme suit : d'un côté, l'« avantage » que représente une main-d'œuvre immigrant à l'âge adulte et, de l'autre côté, en contrepartie, le « coût » de l'élevage, comme on dit, supporté par le pays d'origine) et, à l'inverse, il n'est pas de « coût » imputable au fait d'utiliser une main-d'œuvre immigrée qui ne corresponde, pour les pays d'émigration, à quelque « avantage » économique ou social. Cette manière absolue de transposer la définition absolue du « coût » et de l'« avantage », constitués désormais comme étant solidaires l'un de l'autre et solidaires aussi de chacun des deux systèmes économiques (celui de l'immigration et celui de l'émigration), interdit d'apercevoir que ce qui peut être tenu pour « avantage » à un moment donné de l'histoire de l'immigration dans un cas et de l'émigration dans l'autre (ou encore à un moment donné de l'état de l'une et l'autre sociétés, et de l'état des rapports de force qui s'installent entre elles à l'occasion de la relation migratoire) peut s'avérer « coût » à un autre moment ; de même ce qui était (ou est encore) « coût » peut (ou pourra) devenir « avantage ». Ainsi, pour l'un comme pour l'autre partenaire, mais plus fondamentalement pour le pays d'émigration, il suffirait d'un changement de perspectives ou de politique (notamment en matière de développement) pour que devienne « coût » et écueil objectifs ce qui, auparavant, dans des circonstances particulières, était défini comme « avantage ». Au fond, ce qui n'est jamais explicité, c'est que la définition de l'« avantage » et du « coût » se négocie ; elle reflète l'état d'un rapport de force : chaque partie travaille à convaincre son partenaire qu'il trouve dans le phénomène migratoire un « avantage » plus grand ou, tout au moins, une somme d'« avantages » qui compense largement l'inconvénient qui en résulte pour lui. Travailler, d'une part, à maximiser les avantages qu'on prête à son partenaire et, d'autre part, à masquer ses propres avantages ou à les minimiser, c'est de ce travail d'imposition que résulte la définition de ce qu'on entend chaque fois par « avantage » et « coût ».

Même si elle n'en finit pas d'inventorier les « avantages » et les « coûts » qu'elle met en compte – sans doute parce qu'on ne s'accorde pas toujours sur la définition ou, plus exactement, sur les définitions à donner à ces termes –, cette technique, qui est dans son principe aussi vieille que l'immigration elle-même, trahit la fonction qu'on assigne aux immigrés et la signification qu'on entend réserver à l'immigration : immigration et immigrés n'ont de sens et de raison d'être que si le tableau à double entrée dressé à effet de comptabiliser les « coûts » et les « profits » présente un solde positif – idéalement, l'immigration devrait ne comporter que des « avantages » et, à la limite, aucun « coût ». Comment maximiser les « avantages » (surtout économiques) de l'immigration tout en réduisant au minimum le « coût » (notamment social et culturel) qu'impose la présence des immigrés ? C'est là une formulation qui, en même temps qu'elle condense en elle toute l'histoire du phénomène de l'immigration, révèle la fonction objective (c'est-à-dire secrète) de la réglementation appliquée aux immigrés : changeant selon les circonstances, selon les populations concernées, cette réglementation vise à imposer à tout le monde la définition constituée en fonction des besoins du moment.

En effet, il ne peut échapper à personne que au fond, c'est une certaine définition de l'immigration et des immigrés qui est en cause à travers le travail à la fois juridique – droits à reconnaître à l'immigré puisqu'il est appelé à résider et à travailler en France (droits liés au travail distingués des autres droits habituels liés plutôt à la citoyenneté ou à la nationalité) –, politique – accords de main-d'œuvre, conventions bilatérales conclus avec les pays d'émigration (en définissant, chaque fois différemment, les conditions d'entrée, de séjour et de travail en France, ces contrats aboutissent à des statuts différents qui ne font, somme toute, que consacrer les différences qui existent ou les variations qui surviennent dans les rapports de force entre la France et les pays d'origine) – et social – actions diverses contribuant toutes à une meilleure adaptation de la population immigrée –, entrepris sur la personne des immigrés. En raison, sans doute, du décalage devenu insupportable, en dépit du travail ainsi accompli, entre la conception qu'on se fait habituellement (ou que les employeurs notamment se font) de l'immigration – c'est-à-dire comme ayant une fonction exclusivement économique ou technique – et la réalité présente de l'immigration (qui, par le « coût social » et accessoirement culturel de plus en plus grand qu'elle impose, contredit cette conception), jamais peut-être la contradiction propre à l'immigration ou à ce qu'on peut appeler la politique d'immigration n'a été aussi manifeste qu'en cette période réputée de crise économique, de chômage et de difficultés de toutes sortes. Feignant de la découvrir seulement aujourd'hui, on joue sur cette contradiction pour orienter l'immigration au mieux des intérêts, matériels et symboliques, qu'on se donne : c'est elle qui inspire les propos actuellement tenus sur les immigrés ou à propos des immigrés ; c'est elle qui sert de prétexte aux pratiques quotidiennes à l'égard des immigrés ainsi qu'aux décisions administratives prises à leur encontre ; c'est elle qui sert de justification aux textes législatifs qui régissent la présence des immigrés (leur entrée et leur séjour).

Immigration, chômage et aide au retour à la fin des années 1970

On peut dire qu'il n'est pas de propos sur le chômage qui ne soit en même temps un propos sur les immigrés ou plutôt sur la relation de cause à effet que, parfois, on ne fait que suggérer mais que, parfois, on affirme explicitement, entre l'immigration et le chômage. « Dans un pays qui compte deux millions de travailleurs immigrés, le problème du chômage ne devrait pas se poser » (Jacques Chirac). Tantôt c'est pour s'indigner et crier au scandale ; et, si on feint l'étonnement et l'incompréhension, ce n'est que pour mieux suspecter les immigrés de nuire à l'intérêt national (et cela avec la complicité de leurs « amis », au nombre desquels on fait figurer, pêle-mêle, d'abord les militants, les syndicalistes et les intellectuels de gauche, les hommes d'Église et, ensuite, les patrons ainsi que les hommes politiques ou les hommes au pouvoir qu'on tient pour « favorables » aux immigrés) : « Les immigrés prennent le travail des Français… donc volent le pain des Français » ; « il y a lieu de substituer la main-d'œuvre nationale [sous-entendu, les chômeurs] à celle des immigrés » (Raymond Barre), « la préoccupation du gouvernement français est de diminuer l'effectif des travailleurs immigrés en France » (Lionel Stoleru*, le 28.9.1978) ou encore « ce n'est pas la peine de lancer des cocoricos à l'étranger quand on n'est pas capable de ramasser les poubelles dans son propre pays » (Lionel Stoleru) ; « Les régions qui accueillent trop d'immigrés n'ont pas à attendre d'aide du gouvernement » (ministre de l'Industrie), etc. Tantôt c'est au contraire pour s'efforcer (sincèrement ou seulement pour la circonstance) de rassurer les immigrés : « L'immigré n'est pas quelqu'un qu'on déporte... c'est un homme qui vient chez nous avec un espoir, celui de participer à la vie économique d'un pays qui est le pays du travail, le pays de la liberté... » (Paul Dijoud, aux «Dossiers de l'écran», le 14.1.1975**) ; « le pays ne doit pas exploiter les travailleurs immigrés, mais leur donner les mêmes droits et les mêmes chances qu'aux travailleurs français, et bien souvent plus... » (Paul Dijoud, présentation de son programme en vingt-cinq mesures, en 1974) ou encore : « il ne serait pas correct de vouloir se débarrasser de la main-d'œuvre immigrée qui travaille pour nous depuis plusieurs années sous le prétexte que nous éprouvons des difficultés d'emploi » (Lionel Stoleru, *Le Figaro*, 11.9.1975) ; « Les travailleurs immigrés peuvent traverser la crise avec nous, comme nous » (Lionel Stoleru, à la télévision, le 8.11.1977), « la fraternité française s'étend aux travailleurs immigrés, qui contribuent à notre production et à notre progrès » (Valéry Giscard d'Estaing, au Conseil des ministres du 9.10.1974), « je suivrai personnellement la mise en place du programme d'aménagement des conditions de vie des travailleurs immigrés et de leur protection sociale et culturelle » (Valéry Giscard d'Estaing, juillet 1974).

Dans tous les cas, quel que soit le propos, le résultat est le même : d'un côté, des immigrés, c'est-à-dire des travailleurs étrangers ou des étrangers au travail, car l'immigré ne peut se concevoir qu'indissociablement lié au travail (un immigré chômeur, ça n'existe pas, comme dirait Robert Desnos) ; de l'autre côté, des chômeurs français ou, mieux, des Français au chômage. Même si ce rapprochement, auquel on donne une allure de scandale total (scandale intellectuel, social, moral et politique), est en réalité hasardeux (intellectuellement), inexact (socialement), injuste (moralement) et mesquin (politiquement), il suffit pour jeter le discrédit sur les immigrés ; il suffit pour produire et imposer dans l'opinion cette équation simpliste et fallacieuse : *immigration = chômage,* contre-vérité qui a pour effet de rendre les immigrés responsables du chômage des Français et, en en faisant des boucs émissaires, de présenter leur départ comme la solution vite trouvée aux difficultés de l'emploi : « dans un pays où il y a plus d'un million de chômeurs et deux millions d'immigrés actifs, la solution est simple : renvoyez-les chez eux ».

C'est encore, au jour le jour, dans les pratiques quotidiennes (par exemple dans les contrôles dans la rue ou à l'occasion de toutes démarches administratives, dans les relations avec l'Agence nationale pour l'emploi [ANPE], qui sont toujours des relations de crise car elles disent la contradiction entre la qualité d'immigré et sa situation d'inactif, etc.), dans l'attitude générale adoptée à l'égard des immigrés (le chômage, en suscitant chez tous le sentiment qu'il faut se « serrer » entre soi, ne peut qu'aiguiser la racisme, l'hostilité générale à l'égard de l'étranger, de l'immigré, qu'on présente comme un concurrent), que se donne le mieux à voir la définition implicite qu'on s'est forgée de ces derniers ainsi que de la fonction qu'on leur attache. Au travail, ainsi que le proclame ce chef d'entreprise lorrain : « C'est leur rôle d'être sacrifiés. » « Sacrifiés » quand ils sont actifs (leur qualité d'immigrés portant préjudice à leur promotion, à leur formation, voire à leur rémunération) ; « sacrifiés », à plus forte raison, quand ils sont chômeurs (leur « sacrifice », si seulement il pouvait conjurer la peur des Français, allant jusqu'à la négation même de leur existence). « En partie, nous les avons embauchés pour cela. En cas de crise, ils comptent moins que les nationaux » *(Le Monde,* 14.12.1971). C'est là, sans doute, la raison qui avait permis non seulement de soumettre à limitation le travail de l'immigré (nature et zone d'activité autorisées), mais aussi, en cas de crise, de prendre prétexte de l'incertitude qu'on fait peser sur son séjour pour le licencier ou le faire licencier. Chômeur parmi tant d'autres, l'immigré chômeur est différent des autres chômeurs (français ceux-là) : parce qu'on ne manque pas, tout autour de lui, de lui faire sentir qu'« il n'a plus sa place », qu'« il est de trop », qu'« il est celui dont on n'a plus besoin mais qui continue à être toujours là », chacun de ses actes, chacune de ses démarches, notamment auprès de l'ANPE – là où s'objective pleinement la vérité de la condition de travailleur immigré –, éveille en lui comme un sentiment de culpabilité, la conscience qu'il a de son inconvenance sociale, de l'illégitimité de sa présence. Dans la vie de tous les jours, les exigences qu'on a à son égard sont ressenties par lui, non sans raisons, comme autant d'épreuves humiliantes révélatrices de la suspicion en laquelle on le tient ; le marquer comme suspect, telle est à ses yeux la fonction objective des multiples contrôles (qui ne sont pas toujours des contrôles policiers), des tracasseries administratives auxquels il est soumis : obligation lui est faite, souvent de manière intempestive et, dans les circonstances actuelles, non sans zèle et quelques manifestations de mauvaise humeur, d'avoir à montrer constamment « patte blanche », d'avoir à apporter, pour chacun de ses faits et gestes, en toute circonstance et devant tout le monde (pas seulement devant la police), la preuve de son identité (pièce du même nom), de la régularité de sa présence (titre de séjour), de son domicile (quittance de loyer), de son travail (bulletins de salaire), de ses revenus (justificatifs pouvant aller jusqu'à la production de quittances fiscales). Un immigré : « *C'est fou ce qu'il y a de confiance dans cette société. Les fiches de paie, que ça ; partout où tu te présentes, on te demande que ça ! Qu'est-ce que tu es ici ? Tu n'es qu'une fiche de paie par mois. Comme s'ils ont peur que tu manges leur pain* [...]. *Avec nous les immigrés, ça dépasse tout : c'est tout de suite le soupçon, c'est pas que le règlement* [...] *; avec nous, il faut prouver que tu gagnes ton argent, sans quoi tu le voles, tu le mendies, c'est la même chose, tu deviens suspect* [...]. *Un immigré, c'est fait pour travailler, il faut prouver que tu travailles ; tu ne travailles pas, alors à quoi tu sers ?* [...]. *À la poste, pour envoyer ton argent* [...], *à la Sécurité sociale, il faut prouver que tu as gagné ton argent, que tu travailles, que tu l'as pas volé* [...]. *Même pour mourir, quand tu n'es pas mort au travail, il faut prouver que tu as travaillé ; tu ne peux pas mourir autrement* [...]. »

Les décisions administratives prises à l'encontre des immigrés concourent toutes au même résultat, provoquer d'une manière ou d'une autre, d'une manière résignée ou d'une manière imposée, leur départ : « aide au retour » (sous la forme du « million Stoleru ») ; « aide au départ volontaire » (prime de 50 000 francs) des ouvriers de la sidérurgie (Usinor – Longwy) mais qui, dans le cas des immigrés sidérurgistes, n'est accordée que cumulée avec l'« aide au retour », et est servie selon le même procédé que cette dernière (aide au retour d'ailleurs invalidée par le Conseil d'État mais qui continua à être mise en œuvre) ; « formation-retour », autre manière de se débarrasser à bon compte des immigrés chômeurs en se persuadant qu'on est quitte de toute obligation à leur égard et même que, ce faisant, on rend service et on aide les pays d'origine ; restrictions au regroupement familial et tentation d'« interdire de travail » les nouvelles personnes arrivées (épouses, enfants) ou de les amener à accepter d'être « interdites de travail » (la suspension du regroupement familial ayant été annulée par le Conseil d'État) ; surveillance extrême de la continuité du séjour de l'immigré et contrôle rigoureux des dates de voyage afin de déceler toute absence de France excédant la durée normale autorisée ; non-renouvellement ou renouvellement conditionnel des titres de séjour (les conditions mises au renouvellement sont plus draconiennes que les conditions exigées lors de l'établissement pour la première fois du titre de séjour : ainsi, il est arrivé qu'on demande aux immigrés algériens de produire les bulletins de salaire de trois années consécutives, alors qu'en 1969 c'était, pour les immigrés algériens, la date d'immatriculation à la Sécurité sociale qui faisait foi des trois années de résidence exigées pour avoir droit à un certificat de résidence valable dix ans), etc. ; tout cela sans parler évidemment des expulsions, des refoulements qui, dans la plupart des cas, prennent prétexte de motifs insignifiants.

* De 1976 à 1978, Lionel Stoleru est secrétaire d'État après du ministre du Travail, chargé de la condition des travailleurs manuels puis, de 1978 à 1981, chargé des travailleurs manuels et immigrés. Raymond Barre est alors Premier ministre [NdE].

** Depuis juillet 1974, Paul Dijoud a remplacé André Postel-Vinay au secrétariat d'État à l'Immigration. La nomination de ce proche de Giscard d'Estaing à un tel poste correspond à une reprise en main par le pouvoir politique des questions d'immigration [NdE].

Si la fonction de tout cela, les faits comme les discours, apparaît comme un rappel des immigrés à leur condition de travailleurs seulement tolérés, et tolérés à titre provisoire, l'objectif visé est la capacité d'agir sur la réalité sociale (c'est-à-dire l'immigration) jusqu'à la soumettre à la définition qu'on en donne : comment imposer la définition la plus proche du modèle idéal typique de l'immigré et de l'immigration ? Quelle est donc cette définition ? Qu'est-ce donc un immigré ?

Un immigré, c'est essentiellement une force de travail, et une force de travail provisoire, temporaire, en transit. En vertu de ce principe, un travailleur immigré (travailleur et immigré étant, ici, presque un pléonasme), même s'il naît à la vie (et à l'immigration) dans l'immigration, même s'il est appelé à travailler (en tant qu'immigré) sa vie durant dans le pays, même s'il est destiné à mourir (dans l'immigration) et en tant qu'immigré, reste toujours un travailleur qu'on définit et qu'on traite comme provisoire, donc révocable à tout moment.

Le séjour qu'on autorise à l'immigré est entièrement assujetti au travail, la seule raison d'être qu'on lui reconnaisse : d'être en tant qu'immigré d'abord, mais aussi et très vite en tant qu'homme – sa qualité d'homme étant subordonnée à sa condition d'immigré. C'est le travail qui fait « naître » l'immigré, qui le fait être ; c'est lui aussi, quand il vient à cesser, qui fait « mourir » l'immigré, prononce sa négation ou le refoule dans le non-être. Et ce travail qui conditionne toute l'existence de l'immigré n'est pas n'importe quel travail, il n'est pas n'importe où ; il est le travail que lui assigne le « marché du travail pour immigrés », là où il le lui assigne : travaux pour immigrés requérant donc des immigrés ; immigrés pour des travaux devenant, de la sorte, des travaux pour immigrés. Le travail étant la justification même de l'immigré, cette justification – c'est-à-dire, en dernière analyse, l'immigré lui-même – disparaît sitôt que disparaît le travail qui fait être l'une et l'autre. On comprend dès lors la difficulté, qui n'est pas seulement technique, qu'il y a à définir le chômage dans le cas de l'immigré (jusqu'à quand ? pendant combien de temps ?), la difficulté qu'il y a à penser la conjonction de l'immigré et du chômage : être immigré et chômeur est un paradoxe. Et, sans aller jusqu'à dire que cette situation est proprement impensable, elle ne manque pas, même d'un point de vue purement intellectuel, d'être ressentie comme un scandale, d'abord pour l'esprit ; la difficulté est ici de concilier les inconciliables : chômeur et immigré ou, ce qui revient au même, le non-travail avec ce qui ne se conçoit et n'existe que par le travail. En fin de compte, un immigré n'a sa raison d'être que sur le mode du provisoire et à condition qu'il se conforme à ce qu'on attend de lui : il n'est là et n'a sa raison d'être là que par le travail, pour le travail et dans le travail ; parce qu'on a besoin de lui, tant qu'on a besoin de lui, pour ce pourquoi on a besoin de lui et là où on a besoin de lui.

Ce n'est pas tout. Si la réalité de l'immigration est une chose fort ancienne, le problème social qu'elle constitue, lequel n'est pas nécessairement défini par la population qu'il concerne (*i.e.* l'ensemble des personnes réputées présenter les traits spécifiques de l'immigré), est relativement récent ; et il a ses conditions sociales de possibilité[10]. La recherche sur l'immigration, cet autre objet apparemment naturel et tout à fait évident, ne saurait ignorer qu'elle est aussi et préalablement une recherche sur la constitution de l'immigration comme problème social ; c'est là toute la difficulté de la construction de l'objet de recherche en sociologie. En effet, l'immigration fut longtemps l'objet presque exclusif du juridisme sous toutes ses formes, notamment dans le champ universitaire, où les premiers travaux de recherche et les premières thèses qui lui sont consacrées émanent de juristes. Elle fut ensuite investie par la démographie, que celle-ci soit le fait de démographes proprement dits ou d'historiens (démographie historique) ou, plus souvent encore, de géographes : science de l'espace et science de la population, la géographie et la démographie sont liées dans l'étude de l'immigration, en tant que celle-ci est déplacement de populations à travers l'espace physique mais aussi à travers les autres formes d'espace, toutes socialement qualifiées : l'espace économique, l'espace politique (au double sens de l'espace national et espace de la nationalité et de l'espace géopolitique), l'espace culturel surtout en ses dimensions symboliquement les plus « importantes », l'espace linguistique et l'espace religieux, etc. Sous l'influence de différents facteurs, l'immigration a fini par être constituée en « problème social » avant de devenir objet de la sociologie.

Il n'est de discours à propos de l'immigré et de l'immigration qu'un discours imposé ; c'est même toute la problématique de la science sociale de l'immigration qui est une problématique imposée[11]. Et l'une des formes de cette imposition est de percevoir l'immigré, de le définir, de le penser ou, plus simplement, d'en parler toujours en référence à un problème social[12] : les immigrés et l'emploi ou les immigrés et le chômage, les immigrés et le logement, les immigrés et la formation, les immigrés (ou les enfants des immigrés) et l'école, les immigrés et le droit de vote, les immigrés et leur intégration, les immigrés et le retour au pays, et, pour comble de tout, les immigrés et la vieillesse ou les vieux immigrés !, etc. Cet appariement entre un groupe social et une série de problèmes sociaux constitue l'indice le plus manifeste que la problématique de la recherche, telle qu'elle est commanditée et menée, est en conformité et en continuité directe avec la perception sociale qu'on a de l'immigration et de l'immigré. Objet sur lequel pèsent de nombreuses « représentations collectives », l'immigration se soumet à ces représentations qui, on le sait, « une fois constituées, deviennent des réalités partiellement autonomes[13] », d'autant plus efficacement que ces mêmes représentations correspondent à des transformations objectives, celles-ci conditionnant l'apparition de celles-là et déterminant de la même façon leur contenu.

Au fond, tout l'entendement que nous avons de notre ordre social et politique, toutes les catégories de notre entendement politique (et pas seulement politique) sont en cause dans les « perceptions collectives » dont procèdent la définition donnée de l'immigré et le discours qui met en œuvre cette définition. Quelle est cette définition ? On n'accepte de quitter l'univers familier (univers social, économique, politique, culturel ou moral, voire mental, etc.) auquel on appartient tout « naturellement » (*i.e.* sur le mode du « cela va de soi »), univers auquel on ressortit « naturellement » ou dont on est le « naturel », pour parler un langage proche du langage juridico-politique de la naturalisation (ou, mieux, de la « naturalité ») ; on n'accepte d'émigrer et, une chose entraînant l'autre, on n'accepte de vivre en étranger dans un pays étranger (*i.e.* d'immigrer) qu'à la condition de se persuader que ce n'est là qu'une épreuve, par définition passagère, une épreuve qui comporte en elle-même sa propre résolution.

Corrélativement, on n'accepte qu'il y ait immigration et qu'il y ait des immigrés, c'est-à-dire qu'on n'accepte d'entrer dans un univers dont on n'est pas naturellement le « naturel », que sous réserve des mêmes conditions. Toutes ces spécifications par lesquelles se définit et s'identifie l'immigré trouvent leur principe générateur, leur somme et leur efficacité, et aussi leur justification dernière, dans le statut politique qui est propre à l'immigré en tant qu'il est non seulement un *allogène* mais, plus que cela, un « non-national » qui, à ce titre, ne peut qu'être exclu du politique. Politique et politesse – et sans doute la politesse plus que la politique – exigent pareille *neutralité,* qu'on appelle aussi « obligation de réserve » : la forme de politesse à laquelle est tenu l'étranger et à laquelle il se croit tenu – et, à la limite, il n'est tenu à cette politesse que parce qu'il se croit tenu à l'observer – constitue une de ces ruses sociales (ou ruses du social) par lesquelles sont imposés des impératifs politiques et est obtenue la soumission à ces impératifs[14]. Sans qu'on se rende parfaitement compte de l'arbitraire (au sens logique) qu'il y a à opposer « national » et « non-national » et à ramener toutes les discriminations de fait à cette opposition (de droit) fondamentale[15], la distinction légale, c'est-à-dire réfléchie, raisonnée et avouée, qu'on opère ainsi sur le plan politique de manière tout à fait décisive constitue comme la justification suprême de toutes les autres distinctions. En effet, parce que toutes ces distinctions sont susceptibles d'être présentées comme dérivées de la première, elles se trouvent de la sorte fondées en raison ; l'immigré n'étant pas un ressortissant national, cela justifie l'économie d'exigences qu'on s'accorde à son endroit en matière d'égalité de traitement devant la loi et dans la pratique[16].

« L'idéal » aurait été que, défini de la sorte, l'immigré soit une pure machine, un système intégral de leviers, mais, ici comme ailleurs, « l'homme n'étant pas un esprit pur » – on le sait depuis longtemps – et l'immigré n'étant pas une pure mécanique, force est de lui concéder un minimum. Ainsi, travailleur, il faut qu'il soit logé mais alors le dernier des logements (qu'il se procure d'ailleurs par lui-même) suffit largement ; malade, il faut qu'il soit soigné (cela pour lui-même et, peut-être plus encore, pour la sécurité des « autres ») mais au plus court et au plus économique, sans toujours prendre, surtout dans le cas des affections mentales (qui, en grand nombre, comportent une importante dimension sociologique), le temps et l'attention que requiert sa situation particulière ; on ne saurait lui interdire de faire venir auprès de lui, dans certaines limites et sous certaines conditions, sa femme et ses enfants – on ne saurait pas même l'en empêcher indéfiniment, surtout quand il en manifeste le désir – ; ayant accepté qu'il vive en famille en France, on ne saurait, sans se déjuger ou sans encourir la menace d'être taxé de racisme et de discrimination notoires, le priver des avantages (au moins les avantages majeurs) que lui donne sa qualité de travailleur et de père.

En tant que travailleur, lui garantir – au moins théoriquement – l'égalité de salaire (salaire direct et salaire indirect) avec l'ouvrier français est, sans doute, la meilleure manière de défendre ce dernier contre la menace que constitue (ou que constituait) une main-d'œuvre immigrée trop bon marché[17] ; en tant que père, on ne saurait, non plus, priver ses enfants d'éducation scolaire et de formation professionnelle (au moins jusqu'à l'âge de seize ans, ce qui est une obligation de la loi), mais la logique du système d'enseignement et de formation réduit cette scolarité et cet apprentissage au strict nécessaire (le minimum de temps, le coût le moins élevé et la certitude de reproduire ainsi sur place la force de travail que leurs parents avaient apportée avec eux en émigrant). Parce qu'on les a appelés en grand nombre, parce qu'on les a cantonnés dans les mêmes secteurs professionnels, dans le même habitat, dans les mêmes espaces sociaux, on ne pourrait honnêtement, au moins tant que l'« ordre public » est sauf (l'ordre politique, social, moral, mais aussi l'ordre extérieur, l'ordre esthétique, celui du panorama qu'une présence trop nombreuse d'immigrés disparates viendrait troubler), les empêcher de se regrouper et de sacrifier à un minimum de pratiques qui leur sont propres ; pratiques qui témoignent de leur « culture » ou auxquelles on réduit trop facilement leur culture.

Encore est-on en droit de se demander, à propos de chacun des points énoncés, si ce minimum – en réalité, indispensable à la survie de l'immigré – est concédé à l'immigré pour lui-même ou plutôt pour la bonne conscience de la société qui l'utilise ; s'il lui est concédé pour l'homme qu'il continue à être (même diminué, mutilé, aliéné) ou, au contraire, s'il ne lui est concédé que pour permettre à la société d'être (ou de paraître) en accord avec elle-même, avec l'image qu'elle se plaît à avoir d'elle-même, de son histoire, de ses institutions, de ses principes moraux d'organisation, qui sont toujours, en tous les domaines, des principes de justice, d'égalité, de respect des droits et des libertés de la personne, etc. Tout cela fait que l'immigration, en tant qu'elle est inscrite dans la relation de dominant à dominé, en tant qu'elle est surdéterminée, voire totalement constituée par cette relation de domination, ne peut être pure de toute morale, ne peut être totalement laïcisée (*i.e.* débarrassée de toute considération morale). Il n'est pas de propos, il n'est pas de discours sur l'immigration, même les plus hostiles, qui n'empruntent pas à la morale, c'est-à-dire aux bonnes intentions ou aux bons sentiments, aux intérêts symboliques qu'on y attache. À la manière de l'univers domestique ou de l'économie de l'affectivité, dont l'immigration constitue d'une certaine façon un paradigme – elle participe en partie de l'une et de l'autre : l'univers domestique a ici pour homologue l'univers national ou la « nation comme famille », et l'économie de l'affectivité trouve sa retraduction dans ce qu'on peut appeler l'économie de la « passion nationale » –, et sans doute plus que ces deux objets sociaux, l'immigration n'est pas encore un objet politique proprement autonome, c'est-à-dire un objet politique exclusivement politique. Le Machiavel de l'immigration n'est pas encore inventé[18]. Là réside, sans doute, la raison ou l'une des raisons qui font qu'il est extrêmement difficile de concevoir et d'arrêter une vraie politique en matière d'immigration, cet objet fondamentalement contradictoire. Si la politique, pour pouvoir être constituée comme politiquement politique, a besoin d'être distinguée de la morale, c'est l'objet immigration lui-même qui se dérobe à toute politique autonome, séparée de la morale. La seule politique possible en matière d'immigration n'est-elle pas, précisément, l'absence de politique ?

Après avoir tiré de l'immigration le maximum de profit possible (c'est-à-dire après avoir payé en retour aux immigrés le prix, tout à la fois économique, social et culturel, le plus bas qui soit), la société d'immigration peut encore, à travers les concessions qu'elle semble leur accorder, mais aussi à travers la condescendance qui est au principe de ces concessions et, plus encore, à travers l'exploitation politique qui peut en être faite, trouver un supplément de gratifications et un autre motif de satisfaction : en effet, aux profits matériels que lui apporte l'immigration elle ajoute les avantages symboliques que lui vaut, de surcroît, la manipulation qu'elle sait exercer (à son actif) sur la situation qu'elle réserve aux immigrés.

La logique propre à l'ordre symbolique est ainsi faite que, par la dénégation des profits matériels qu'elle opère ou par la transfiguration ou la sublimation qu'elle leur fait subir, elle les perpétue et les renforce d'autant plus qu'elle réussit à mieux les masquer, c'est-à-dire à mieux les convertir en profits symboliques, donc apparemment désintéressés. Parce que le rapport de force est incontestablement en faveur de la société d'immigration – ce qui l'autorise à renverser du tout au tout la relation qui l'unit aux immigrés, au point de placer ces derniers en position d'obligés là où ils devraient au contraire obliger –, celle-ci n'a que trop tendance à porter à son bénéfice ce qui, pourtant, est l'œuvre des immigrés eux-mêmes. Aussi présente-t-on fréquemment au moins les aspects les plus positifs (ou considérés comme tels) de l'expérience des immigrés, c'est-à-dire, en gros, l'ensemble des acquisitions qu'ils ont su imposer au gré de leur immigration – et qu'ils ont su imposer, peut-on dire, contre leur condition d'immigrés lors même que ces acquisitions apparaissent souvent comme obtenues sous la contrainte –, comme le résultat d'un travail diffus ou systématique d'inculcation, d'éducation qui s'opère à la faveur de l'immigration. Un travail qui consiste à produire ce qu'on appelle les « évolués » – et, du même coup, à discriminer ces immigrés « évoluables », « éducables » ou « amendables » des immigrés qui ne le sont pas ou ne veulent pas l'être – et dont le mérite revient, bien sûr, à la société d'accueil et à elle seule. C'est là, dans une certaine mesure, le sens objectif du discours qu'on tient sur les entreprises multiformes de moralisation auxquelles sont soumis les immigrés, que ces entreprises réussissent ou qu'elles échouent – peut-être plus encore quand elles échouent. Cette vision est accentuée par une forme d'ethnocentrisme qui se nourrit et se renforce, comme c'est le cas ici, de l'assurance que procure le fait d'occuper une position qu'on sait dominante en tout et de manière absolue.

Ce sont toutes choses qu'on aime confondre et n'envisager que du seul point de vue de ceux qui en ont l'initiative :

l'action éducative, au sens le plus large du terme (on continue à la dire « civilisatrice »), exercée sur cette « classe dangereuse » nouvelle manière, ces « naturels » dénaturés, ces « sauvages » venus d'un autre continent – géographique et, plus encore, culturel – et d'un autre temps ; l'action de formation de toute nature, depuis la plus simple, l'apprentissage professionnel au niveau le plus rudimentaire (surtout lorsqu'on le qualifie de « formation-retour »), jusqu'à la plus générale (linguistique, sociale, voire politique) ; l'action d'adaptation, d'abord à une forme de travail (le travail industriel salarié, c'est-à-dire mesuré et rémunéré en conséquence) et, ensuite, inévitablement, à des formes de vie considérées comme l'indice d'un haut niveau de civilisation ; on peut aussi ajouter – dans la mesure où aucune de ces actions n'est en mesure d'exclure, quand on en a envie (ou parce qu'on n'ose le dire), l'intention de « réhabiliter » les immigrés, leur culture d'origine (ou ce qu'on considère comme telle), leur langue –, comble de ce paradoxe, toutes ces entreprises qui se veulent « de réacculturation », car elles leur permettraient de se retrouver eux-mêmes, de redécouvrir leur pays, leur langue, leur religion, de se réconcilier avec leurs traditions, leur culture, etc.

Signe des temps mais aussi, une chose étant liée à l'autre, nécessité imposée par la forme vers laquelle a évolué l'immigration (immigration de familles entières dont l'installation en France se prolonge au point de devenir quasi permanente), la population immigrée constitue la cible privilégiée du travail social, cette institution inventée (en d'autres temps certes) et instaurée progressivement pour ajuster à l'ordre économique et social d'autres personnes, à l'origine, que les immigrés d'aujourd'hui. Cependant, dès lors que la vérité de la condition d'immigré éclate au grand jour, ou, en d'autres termes, à présent que se ressentent de manière aiguë les contradictions internes à cette condition ; à présent que les immigrés, comme placés au pied du mur, éprouvent la nécessité de se départir de toutes les illusions constitutives de leur condition (illusions indispensables pour pouvoir être immigré et en supporter la condition), le rappel incessant et insistant qui leur est fait de devoir se conformer à l'impératif selon lequel ils restent toujours, en droit, congédiables et expulsables (nombreux sont les moyens conduisant à cette fin ; réguliers ou exceptionnels, violents ou plus sournois et plus déguisés, ils sont tous bons) apporte la preuve de l'inanité, pour ne pas dire du caractère mystificateur, des intentions qu'on proclame ainsi que des propos qu'on tient sur la vertu éducative de l'expérience acquise tout au long de l'immigration et à la faveur de l'immigration.

Plus que cela, c'est aussi la fin que peuvent objectivement servir ces intentions et ces propos qui se donne à voir : rappeler aux immigrés qu'ils font constamment l'objet d'un travail de correction consistant à réduire les fautes, les manquements qu'ils accusent à l'égard de la société de leur immigration (mais, en réalité, travail par lequel on entend se saisir d'eux) ; leur rappeler les stigmates par lesquels ils sont dénoncés et se dénoncent comme immigrés (analphabétisme, inculture, inqualification, inadaptation ou mauvais ajustement aux mécanismes propres à la société et à l'économie qu'ils sont venus servir, ignorance des principes et des règles qui président au fonctionnement de cette économie et de cette société, bref, barbarie au sens primitif du terme), n'est-ce pas au fond, une manière de les rappeler à leur condition d'immigrés ? C'est-à-dire d'hommes d'ailleurs, d'un ailleurs auquel il faut tôt ou tard retourner.

L'immigré devant toujours rester un immigré – ce qui veut dire que la dimension économique de la condition de l'immigré est toujours l'élément qui détermine tous les autres aspects de son statut : un étranger dont le séjour, totalement subordonné au travail, reste en droit provisoire –, à quoi sert la « sollicitude » qu'on semble lui témoigner aujourd'hui encore, au moins en certains milieux ? Serait-elle donc seulement fonction de l'air du temps ? Serait-elle commandée, en réalité, par le simple souci de l'intérêt économique ? Toujours est-il qu'elle est de nature, en définitive, à contribuer, selon les besoins du moment, tantôt à masquer aux yeux de tous, tantôt à rappeler à tous (et d'abord aux immigrés) la nature fondamentalement provisoire et utilitaire de la présence de l'immigré. Cependant, les immigrés ont été, en règle générale, payés par leur histoire – leur histoire d'immigrés et leur histoire plus ancienne d'anciens colonisés ou de ressortissants de pays dominés – pour savoir ce que vaut la proclamation narcissique des grands principes : tout se passe comme si on ne les proclamait à haute voix que pour pouvoir les mieux démentir et les violer dans la pratique ou, en d'autres termes, c'est lorsqu'on les foule aux pieds qu'on éprouve le besoin de les faire entendre bien fort !

En regard des avantages multiples, matériels et symboliques – ces derniers s'accommodant moins de l'aveu de la réalité –, que procure ainsi l'immigration, comment peut-on expliquer qu'on en revienne, au risque d'aiguiser les contradictions, à une conception plus « vraie », plus réaliste, voire « cynique » de l'immigration ? Pourquoi, en opérant ce retour subit à la vérité fondamentale de la condition de l'immigré (condition provisoire et instrumentale), a-t-on pris le risque de rompre avec l'illusion ou avec la croyance collectivement entretenue d'une immigration (*i.e.* d'un provisoire) qui peut durer d'une manière indéterminée ? Est-ce réellement en raison de ce qu'on appelle la « crise économique » ? Est-ce en raison des changements de toutes sortes, économiques, sociaux, culturels, etc., propres à la société française[19] ? N'est-ce pas plutôt parce que les immigrés eux-mêmes ont changé ? Ils ont changé selon une perspective qui, de quelque point de vue qu'on les envisage (points de vue morphologique et démographique, économique, culturel et politique, etc.), s'avère bien moins « avantageuse » que par le passé aux yeux des « utilisateurs » de l'immigration, des employeurs et des pouvoirs publics en premier lieu, mais aussi des services sociaux, des institutions d'action sociale et, plus largement, de l'opinion publique, etc. En règle générale – c'est presque une loi du phénomène –, plus un courant d'immigration est récent, plus est « avantageuse », sous tous les rapports, la main-d'œuvre qu'il amène. Tant que l'émigration était encore à ses débuts, tant que l'attachement aux structures communautaires (structures sociales, économiques) restait encore suffisamment vivace, elle ne concernait que les hommes seuls (et non les femmes et les enfants, l'émigration des familles suivant toujours avec un temps de retard l'émigration des travailleurs) et, en priorité, les hommes jeunes, dans la force de l'âge. Le rythme alterné des départs en émigration et des retours au pays, des séjours (relativement courts) effectués hors du pays et des périodes (plus longues) passées au pays, en donnant à l'immigration une allure de phénomène rotatif, permettait d'assurer le renouvellement continuel de la masse des immigrés.

À ces « avantages » corrélatifs des caractéristiques communes aux émigrés avant même leur départ, il faut aussi ajouter tous les autres « avantages » qui, corollaires des premiers, semblaient procéder de la retraduction que les caractéristiques de départ trouvaient dans l'immigration : les immigrés nouvellement arrivés, frange située au plus bas de la hiérarchie interne à la population immigrée (il serait naïf de croire que cette population est indemne de toute hiérarchie et de toute différenciation sociales), sont portés – plus que les immigrés les plus anciens – à accepter les travaux les plus pénibles, les moins stables, les moins rémunérés, etc.

Ignorance plus grande des mécanismes sociaux, des mécanismes économiques propres à l'univers qu'ils découvrent ? Manque de familiarité avec les modes d'organisation, avec les méthodes de travail, les techniques de rémunération, les habitudes de calcul, tout ce patrimoine objectivé d'une autre civilisation que la leur ? Mauvaise intégration à la condition ouvrière, absence des « réflexes » que donne une longue expérience (ou l'expérience cumulée de plusieurs générations) du travail salarié ?

Tout cela est sans doute vrai, mais plus vrais et plus déterminants sont encore les effets du système d'exigences que continuent à avoir ces émigrés qui n'ont pas encore été totalement arrachés à leur monde traditionnel et à ses modes de penser et d'agir. Le système d'exigences importé dans l'immigration semble plutôt les détourner, au moins dans un premier temps, de tout ce qui tendrait à leur assurer un meilleur contrôle de leur expérience. Au lieu d'une adhésion immédiate qui trouverait sa forme achevée dans la constitution des dispositions que requiert la condition ouvrière ainsi que dans la maîtrise qu'autorisent ces dispositions, c'est, jusqu'à nouvel ordre, l'ancien état, antérieur à l'émigration, qui, à travers les préoccupations qui lui sont liées, survit et se prolonge dans l'immigration[20]. C'est à ce prix, semble-t-il, que certains immigrés arrivent à être plus « avantageux » que d'autres. Mais, à mesure que dure l'immigration, parce qu'on n'émigre pas (*i.e.* on ne se coupe pas de son univers social, économique, culturel, coutumier) et on n'immigre pas (*i.e.* on ne s'agrège pas, même marginalement et très superficiellement, à un autre système social) impunément (*i.e.* sans conséquence), il se produit chez les immigrés une inévitable reconversion de leurs attitudes face à eux-mêmes, face à leur pays et face à la société dans laquelle ils vivent de plus en plus longtemps et continûment et, principalement, face aux conditions de travail que leur impose cette société. Ces qualités nouvelles, sans être totalement rédhibitoires – car elles ont, elles aussi, quand il le faut, leurs « avantages[21] » –, apparaissent, quand les circonstances sont moins favorables, comme « dommageables » : non seulement elles n'apportent pas ou ne portent pas à leur maximum tous les autres « avantages » considérés cette fois-ci sous leur aspect social, politique, culturel, plutôt qu'économique, mais, dans la mesure où elles peuvent contrarier ces « avantages » (meilleure intégration dans les luttes ouvrières, souci de s'organiser de manière autonome, etc.), elles constitueraient par elles-mêmes des « dommages ».

Le meilleur exemple de cette immigration « mauvaise » (ou devenue « mauvaise ») et de ces immigrés « mauvais » (ou devenus moins « avantageux ») est fourni par l'immigration et par les immigrés algériens (voir l'encadré p. 68). Sans doute, bien avant l'immigration algérienne, les différentes vagues d'immigrés ont-elles constitué, chacune en son temps et chacune à sa manière, des paradigmes de la « mauvaise » immigration, faite de « mauvais » immigrés, mais c'est surtout dans le cas de l'immigration et à l'occasion de cette immigration – elle a pour elle d'être la première immigration originaire d'un des pays qu'on regroupe sous l'appellation de tiers-monde, d'être une immigration de colonisés (de travailleurs coloniaux, de sujets français et, enfin, de Français musulmans), etc. – qu'on réalise à quel point la dénégation du caractère foncièrement politique de toute émigration et de toute immigration est indispensable pour que celles-ci puissent s'effectuer et se continuer. S'il est loisible, s'il est, pourrait-on dire, sans conséquence majeure de faire de n'importe quel sujet étranger un travailleur, un agent producteur et consommateur, est-il pour autant permis, est-il convenable d'en faire le citoyen de demain ?

Bonne et mauvaise immigration

Immigrés « mauvais », immigration « mauvaise », ces qualifications dépréciatives peuvent paraître outrées au regard de l'euphémisation généralisée dont s'entoure le langage actuel, et plus particulièrement le langage des dominants lorsqu'il a besoin de nommer les différenciations sociales qu'il y a dans la réalité ; surtout quand celles-ci, caractéristiques distinctives des dominés, portent du seul fait de leur énonciation à encourir, soit par ethnocentrisme, soit par préjugé et par parti pris sociologiques, le risque objectif de l'accusation de racisme (racisme de classe dans un cas, racisme de culture ou de xénophobie dans l'autre cas, s'agissant des immigrés). Certes, on ne peut, au regard de l'éthique, que se réjouir du travail de correction entrepris sur soi, ici et là ; et sans doute, faut-il voir dans cette forme de « politesse » un des effets de la vulgarisation (ou de la démocratisation) du « relativisme culturel ». Cependant, on ne peut malgré cela ignorer totalement ce que les acquisitions culturelles (par exemple le « relativisme » culturel dans le domaine des relations entre cultures), qui sont aussi des acquisitions sociales, mentales, éthiques et politiques, masquent et rendent pour l'instant inavouable seulement et non pas impensable. Ainsi, en d'autres temps, on s'autorisait plus que maintenant à opposer ou à déplorer qu'on n'oppose pas (ce qui est encore une manière d'opposer) une immigration qui ne serait que de travail et que de travailleurs, et une immigration qui serait de peuplement ; en d'autres termes, une « immigration de quantité » et une « immigration de qualité », celle-ci renvoyant aux « pratiques d'immigration de l'Ancien Régime » et celle-là à « l'histoire récente du XIXe siècle[22] ».

De la même manière, accéderait-on si facilement à faire de ses propres citoyens des travailleurs de n'importe quel pays étranger si on convenait au fond de soi, et par avance, qu'on consentirait, par là même, qu'ils se fassent les citoyens (virtuels) de ce pays ? On « exporte » et on « importe » des travailleurs exclusivement, mais jamais – fiction indispensable et fiction partagée par tous – des citoyens, actuels ou futurs. Peut-il d'ailleurs en être autrement ? Ainsi, pareille dissimulation ajoutée à bien d'autres de même nature apparaît comme la condition même, la condition absolument nécessaire pour qu'il y ait émigration et immigration. Non pas qu'elle soit imprévisible, non pas qu'elle soit impensable, l'espèce de « transsubstantiation » qu'opèrent, à plus ou moins long terme, l'émigration et l'immigration, en faisant passer d'une nation à une autre, d'une nationalité à une autre, demande à être imprévue, impensée. Le masquage effectué du caractère intrinsèquement politique du phénomène migratoire, en tant qu'il est abondamment chargé d'implications politiques, constitue une de ces ruses qu'exige la logique proprement symbolique, la logique de l'ordre symbolique.

Constituant la plus forte population d'immigrés originaires d'un pays non européen, la communauté algérienne vivant en France est aussi la communauté étrangère (non européenne) dont l'implantation est la plus ancienne et la plus progressive[23]. Conséquence des perturbations engendrées par la colonisation, c'est-à-dire par la confrontation brutale de l'ancienne société algérienne (et notamment de la paysannerie) avec le système économique et le système social introduits par la colonisation, l'immigration des Algériens en France, due à des causes principalement économiques, apparaissait à ses débuts, et même longtemps après, comme une immigration de travail exclusivement. Mais, en dépit de toutes les résistances (culturelles) que la société algérienne pouvait opposer à l'extension (géographique et sociale) du phénomène, cette immigration allait évoluer et tendre vers une immigration de peuplement, confirmant ainsi la règle presque générale de tous les mouvements migratoires : toute immigration de travail contient en germe l'immigration de peuplement qui la prolongera ; inversement, on peut dire qu'il n'est pas d'immigration réputée de peuplement (à l'exception peut-être des déplacements de populations qu'appelle la colonisation ou encore des mouvements de populations consécutifs à l'état de guerre ou au remaniement de frontières) qui n'ait commencé par une immigration de travail[24]. Allongement et continuité des séjours dans l'immigration (au recensement de 1968, 30 % des immigrés algériens interrogés comptaient déjà de huit à dix-sept années de présence en France), installation dans la condition d'immigrés et « professionnalisation » de cette condition, aggravation du démantèlement des structures sociales – et d'abord familiales –, prolétarisation plus grande des couches rurales, tout cela allait amener l'émigration de familles entières vers la France.

Les premiers signes de ce mouvement apparurent dès 1938 et, à partir de 1949, le départ des familles se précipita ; de mai 1952 à août 1953, c'est une centaine de familles en moyenne qui arrivaient en France tous les mois ; en octobre 1954, quelque 6 000 familles algériennes (15 000 enfants) résidaient en France. Les années de guerre et les bouleversements ultimes qui s'ensuivirent – cas de force majeure et de nécessité urgente – firent le reste en levant les dernières résistances : entre 1962 et 1968, sur un ensemble de 162 000 Algériens ayant émigré vers la France, on comptait plus de 35 000 personnes de sexe féminin (soit 21,60 %) dont 11 000 fillettes âgées (à la date de leur arrivée) de moins de six ans; au recensement de 1968, la population féminine – parmi laquelle devaient se trouver quelque 60 000 femmes adultes (âgées de plus de seize ans) – représentait le quart de l'ensemble des immigrés algériens (122 540 sur 471 000 Algériens). Au 1er juillet 1972, selon le ministère de l'Intérieur, les femmes algériennes immigrées en France étaient au nombre de 70 882 – une femme pour sept hommes adultes immigrés. La suspension de l'émigration au départ de l'Algérie (mesure prise par Alger, le 18 septembre 1973) et de l'immigration (décidée par le gouvernement français, le 3 juillet 1974*) n'a pas arrêté (sauf épisodiquement quand on leur ferma les portes), dans un cas le départ des familles d'Algérie et dans l'autre cas leur entrée en France[25] : en fin de compte, on peut évaluer aux alentours de 100 000 le nombre des familles algériennes en France, soit qu'elles aient immigré dans le cadre de la procédure du regroupement familial, soit qu'elles se soient constituées en France par les mariages contractés au sein de la communauté des immigrés**.

Une autre composante de l'immigration familiale, infiniment plus importante tant par le volume de ses effectifs que par l'ampleur et la complexité des problèmes qu'elle pose, est la population des enfants. Si la taille de la famille

* Voir les Repères chronologiques, p. 197.

** Au recensement de 1999, on comptait environ 150 000 familles algériennes résidant en France [NdE].

(3 enfants en moyenne), inférieure à la taille moyenne des familles algériennes (4,7), témoigne de la structure qu'elle adopte en France – elle se rapproche de la famille conjugale, qui est de règle –, elle témoigne encore plus de la jeunesse de la population immigrée : en 1968, 30 % de la population avaient moins de dix-sept ans (270 000 enfants), 17 % de dix-sept à vingt-cinq ans ; en 1975, 45,5 % de moins de vingt-cinq ans. À l'autre extrémité de l'échelle des âges, même s'il est encore restreint, le nombre d'immigrés ayant atteint l'âge de la retraite (5 300 en 1968 et 8 600 en 1975, soit, dans les deux cas, un peu plus de 1 % de la population globale des immigrés algériens) ou approchant cet âge (6 % avaient plus de cinquante ans en 1968, 4,5 % avaient cinquante-cinq ans et plus en 1975) achève de donner de la population algérienne immigrée une autre image que celle qui est conventionnellement admise : de plus en plus, elle s'impose comme une petite société relativement autonome présentant toutes les caractéristiques (morphologiques, sociales, culturelles) d'une formation sinon intégrale et parfaitement équilibrée, du moins en voie de compenser les déséquilibres anciens qu'elle tenait des conditions de sa genèse.

Tout cela fait que les immigrés algériens, en regard de ce qu'on attend d'une population d'immigrés et en regard de ce qu'on aimerait qu'elle soit, cumulent les paradoxes et, pour cette raison, peuvent paraître bien moins « avantageux » que par le passé ou par rapport à d'autres immigrés : ainsi pour ne prendre qu'un exemple et pour ne les comparer qu'à une autre population « proche », si l'« avantage » est accordé à la population qui compte le moins d'inactifs et par là entraîne de moins grandes dépenses sociales – dépenses jugées (quand il s'agit des immigrés) toujours excessives car non productives directement et à court terme –, les immigrés algériens ont un taux d'activité inférieur à celui des immigrés marocains et tunisiens, qui sont plus fréquemment sinon célibataires, du moins isolés de leur famille[26]. Au-delà d'une certaine taille morphologique, surtout quand cette taille n'a été atteinte qu'au terme d'une longue histoire (comme c'est le cas pour la population algérienne résidant en France, forte, selon certaines sources, de 850 000 personnes à la fin des années 1970 et qui a approché le million dans sa période de plus grande expansion*), on ne peut demander à une communauté immigrée de ne comporter que des actifs, et qui plus est seulement des actifs salariés, en rejetant dans le « parasitisme » toutes les fonctions nécessaires à son organisation ainsi que le personnel assurant ces fonctions (artisans, commerçants, agents spécialisés dans la production de biens symboliques, cadres assurant la médiation avec les structures sociales et économiques françaises, etc.). La présence des familles étant acceptée, apparemment sans qu'on tire toutes les conséquences logiques de cette

* Au recensement de 1999, la population immigrée en provenance d'Algérie compte près de 575 000 personnes, soit 13,4 % de la population immigrée résidant en France.

acceptation, on ne peut lui demander de conformer strictement la structure de ces familles au modèle français, rejetant dans « l'illégalité » les personnes considérées comme des intruses (ascendants, agnats*, neveux et nièces, utérins**, alliés…, toutes personnes agrégées à la famille conjugale par un système légitime de droits et d'obligations). Dès lors ne manquent pas d'apparaître tous les cas, toutes les situations, toutes les configurations familiales qui sont autant de démentis à la définition stricte de l'immigration et des immigrés par le travail. Le contexte économique mais aussi social et politique constitue de fait un encouragement à détecter ces démentis afin d'apurer un état qui n'a plus la simplicité et la vérité de la définition simple qu'on en donne.

Ainsi la réponse que la police a donnée, dans un premier temps sur un mode miséreux et mi-ironique, à cette veuve algérienne (mari mort à quarante-cinq ans dans un accident de travail), mère de sept enfants (l'aîné, le seul majeur, un jeune homme qui vit à sa charge car handicapé mental ; deux autres filles arrivées en France à l'âge de quatre ans et deux ans, tous les autres sont nés en France), qui sollicitait le renouvellement de son certificat de résidence : « Mais, madame, que faites-vous ici ? Vous ne travaillez pas [*i.e.* pour

---

* Les agnats sont les personnes qui sont soumises à la puissance paternelle du même chef de famille [NdE].

** Le terme « utérins » désigne ici les membres de la branche maternelle d'une famille [NdE].

être une immigrée], votre mari est mort, donc il ne peut pas travailler [*i.e.* vous n'êtes pas membre d'une famille d'immigré], que voulez-vous ?... » Ou encore cet autre cas, qui a suscité une réponse encore plus lourde de menaces. Une jeune fille algérienne de dix-huit ans, élève en classe terminale, recueillie depuis déjà quatre années par une famille française qui dit d'elle qu'« elle est la rescapée d'une famille disloquée » (les parents séparés, ici en France, sont rentrés en Algérie, chacun de son côté, et chacun emmenant avec lui une partie des enfants qu'ils se partagent) ; n'ayant pas demandé la régularisation de la situation de cette jeune fille à l'âge de seize ans, sans doute par ignorance de la réglementation, la famille protectrice, alarmée par la pression qui pèse sur la population immigrée, voulut s'assurer de l'avenir de sa protégée. Elle s'entendit dire à la préfecture de police que cette dernière, en situation irrégulière, n'avait aucune raison de se trouver en France (elle n'est pas une immigrée et elle n'est pas fille d'un immigré) et, que par conséquent, elle n'était pas seulement expulsable mais elle devait être expulsée ! Combien de situations analogues à celles de cette veuve et de cette jeune fille peut compter une population immigrée de plusieurs centaines de milliers de personnes, résultat d'une histoire qui, au fond, a commencé en 1830 ?

C'est sans doute pour apurer ce contentieux colonial et ses vestiges (parmi lesquels l'immigration) qu'on s'acharne volontiers sur les jeunes, autre paradoxe d'une situation qui n'en manque pas : des immigrés qui n'ont jamais émigré de quelque part. Si on s'attaque plus précisément à l'immigration qu'on dit « non européenne », n'est-ce pas, dans une certaine mesure, en raison du passé colonial qui a produit cette immigration et dont elle constitue une manière de survivance : colonisés comme n'ont pas été les autres sujets coloniaux, les immigrés algériens se comportent en France comme ne se comportent pas les autres immigrés. Ayant acquis de la société française et de ses mécanismes, malgré les handicaps qu'ils subissent, une familiarité que seul un long « commerce » peut donner (et cela avant même l'émigration), les Algériens immigrés d'aujourd'hui – hier immigrés originaires de la colonie – peuvent s'autoriser de plus grandes libertés, à commencer par la liberté de défendre leurs droits. Faut-il que sous prétexte de la crise on décide d'effacer tout ce passé et d'annuler ses effets ? On mesure combien est fallacieuse, en la circonstance, la comparaison qu'on aime faire, pour se garder de tout reproche ou pour se donner bonne conscience, avec les mesures « similaires » prises par les « pays voisins » ; autant comparer l'incomparable : une immigration qui est le produit de la colonisation ou qui dérive en droite ligne de la colonisation (les Algériens entraient en France en qualité de Français de 1947 à 1962*) avec une immigration sans antériorité coloniale (les immigrés en Allemagne)[27].

---

* Voir Annexes : « Le contrôle de l'immigration algérienne en France », p. 193.

La colonisation, que l'immigration prolonge et fait survivre d'une certaine manière, constitue comme le « laboratoire » dans lequel se donnent à voir, à l'état expérimental (sur intervention), les conditions génératrices, les conditions de perpétuation et peut-être aussi les conditions d'extinction du phénomène migratoire. Si, « réguliers » ou « irréguliers » mais facilement « régularisables » tant qu'on en avait besoin, les émigrés avaient répondu en masse à l'« appel » qu'on leur lançait, c'était parce que l'état des rapports de force entre, d'une part, les pays, les sociétés d'émigration et leur économie et, d'autre part, les pays, les sociétés et l'économie qu'ils venaient servir avait déjà produit les conditions objectives de leur émigration. Comme par un effet en retour, les immigrés, confrontés aujourd'hui à la vérité de leur condition, découvrent le tourbillon dans lequel ils sont pris, donnant à leur émigration une allure de mouvement brownien : ils sont ces petits grains de sable (*i.e.* des individus épars) arrachés à la roche-mère (*i.e.* à leur société, à leurs communautés d'origine) par l'action d'un vent soufflant en une longue tempête (*i.e.* les effets destructeurs, perturbateurs, déclenchés par l'imposition de l'économie monétaire) et qui, transplantés au loin, finirent par constituer, dès qu'ils rencontrèrent le premier accident de terrain (*i.e.* la première usine qui les attirait à elle et qui s'offrait à acheter la force de travail que les conditions nouvelles avaient libérée en eux), cette immense « dune » (le paradoxe du « tas de blé ») que sont devenus aujourd'hui les immigrés*. Ils découvrent aussi que, somme toute, la tempête initiale qui les avait emportés et l'élément qui les avait retenus dans leur course folle étaient une seule et même chose : l'économie capitaliste et ses effets de transfert d'un champ économique d'agriculture (celle-là qu'on dit traditionnelle) à un autre (l'industrie, cette activité qu'on dit moderne), d'un pays à un autre, d'un continent à un autre, d'une civilisation à une autre. Faut-il que cette tourmente dure encore et qu'aujourd'hui elle se saisisse ou se ressaisisse des immigrés pour les retransporter à leur point de départ, sans pouvoir pour autant les ressouder à la « roche » d'origine, laquelle, d'ailleurs, n'existe plus ?

---

* Voir infra, p. 177.

2

LE FOYER DES SANS FAMILLE[28]

S'il est vrai que la raison essentielle de l'émigration réside dans la recherche du travail et que c'est aussi le travail qui peut, seul, justifier la présence de l'immigré, ce dernier se trouve dans une situation différente de celle de l'ouvrier indigène. Alors que celui qui est né dans le pays est censé y avoir une résidence, l'immigré, venu d'un autre pays, demande à être *logé* immédiatement, dès son arrivée ou tout au moins dès son embauche.

Travail et logement, liés dans une relation de mutuelle dépendance, constituent les deux éléments qui définissent le statut de l'immigré : l'immigré n'a d'« existence » (officielle) que dans la mesure où il a un logement et un employeur ; pour pouvoir se loger et, plus largement, *séjourner* en France, il faut travailler et, pour pouvoir travailler, il faut être logé (c'est-à-dire autorisé à séjourner en France)[29]. Ce n'est donc pas seulement la politique patronale qui lie le logement de l'ouvrier immigré à son travail, c'est, d'une certaine manière, la condition même de l'immigré qui est tout entière déterminée par la relation étroite entre le travail (la raison du séjour de l'immigré) et le logement (ou le séjour qui est subordonné au travail) ; mais la situation qui caractérise de la sorte l'immigré ne peut qu'encourager le patronat à intégrer dans sa politique globale l'obligation d'avoir à loger des travailleurs venus spécialement de l'étranger, donc par définition sans logement. Cela suffit, sans doute, à marquer les limites de l'autonomie qu'on est porté à accorder, en raison des caractéristiques qu'il a en propre, au logement des travailleurs immigrés, cas particulier de la politique du logement ouvrier.

À la manière d'un test projectif, le logement de l'immigré révèle l'idée que l'on se fait de l'immigré, et qui contribue à faire l'immigré. Le logement de l'immigré ne peut être que ce qu'est l'immigré : un logement exceptionnel, comme est « exceptionnelle » la présence de l'immigré ; un logement d'urgence pour situation d'urgence ; un logement provisoire – doublement provisoire, parce que les occupants n'y logent que provisoirement et parce qu'il est lui-même une réponse à une situation tenue pour être provisoire – pour un résidant provisoire, car c'est ainsi qu'on imagine toujours l'immigré ; un logement économique, sobre (pour ne pas dire sommaire) pour un occupant qui ne dispose pas de grands revenus et qui, de plus, s'astreint de lui-même à des économies ; un logement pauvre et un logement de pauvre pour un occupant réputé pauvre[30] ; un logement « éducatif » pour un occupant étranger qui, compte tenu de ses origines (l'immigré est toujours originaire d'un pays pauvre, sous-développé, « sauvage », du tiers-monde, etc.) et de ses caractéristiques sociales (l'immigré est souvent un homme de la campagne, un ancien paysan, un homme d'une économie et d'une société qu'on dit traditionnelles ; il est généralement analphabète, etc.), est justiciable d'une action « éducative ». Toutes ces caractéristiques, liées entre elles, ont fini en s'accumulant par déterminer la spécificité du « logement pour immigrés ».

Produit, pour une part, de la perception qu'on a de l'immigré, la condition de l'immigré détermine, à son tour, la représentation qu'on se fait de tout son environnement, de tout ce qui le concerne, c'est-à-dire de tout ce qui peut lui convenir. Un exemple de cette opération « circulaire » qui réconforte ses promoteurs en leur permettant de « découvrir » dans la réalité ce qu'ils y avaient introduit sans le savoir : se proposant de créer à Trith-Saint-Léger un « centre d'hébergement » pour ses travailleurs nord-africains, l'entreprise métallurgique Usinor-Valenciennes, réputée pour le paternalisme de ses dirigeants, entreprit en 1950 une enquête préalable sur l'« aspect particulier de la situation des Nord-Africains en France ». Cette enquête, qui devait présider à la conception de l'habitat adopté pour ces ouvriers, concluait par cette série de caractéristiques qu'on allait toutes retrouver projetées dans la construction, l'organisation et le fonctionnement du centre d'hébergement :

1° « Les Nord-Africains en France sont, en général, célibataires ou vivent comme tels » ; 2° « Ils sont souvent manœuvres ordinaires : ils touchent donc de bons salaires » (sous-entendu, des salaires de bons ouvriers stables) ; 3° « Ils désirent envoyer le plus d'argent possible en Afrique du Nord, il leur est alors difficile de consacrer des sommes importantes au logement et à la nourriture[31] ».

Par lui-même, par son implantation, par son architecture, par la disposition interne de son espace, le foyer se trahit comme une résidence particulière, ayant une fonction particulière qui n'est pas seulement de loger, et destinée à des résidants particuliers.

LOGEMENT PROVISOIRE POUR TRAVAILLEURS « PROVISOIRES »

L'immigré ne peut être logé qu'en urgence. C'est certainement en raison de cette « urgence », plus que de quelque autre contrainte technique (prix, absence de législation en la matière, normes et conditions imposées par les règles de financement du logement social, etc.), que les seules formes de logement mises à la disposition des ouvriers immigrés – d'ailleurs presque toujours contre le paiement d'un loyer – par les patrons et souvent aussi par les associations propriétaires des foyers furent des locaux de fortune : hangars, entrepôts, bâtiments d'usine, voire des usines entières, désaffectés et sommairement aménagés (cuisine, dortoirs, douches, etc.), baraquements de chantier. Il aura fallu que surviennent de nombreux accidents mortels (incendies, asphyxies dues à des systèmes de chauffage défectueux) pour qu'on en vienne à remédier au scandale que constituent ces « foyers », qualifiés souvent de « foyers-taudis ».

C'est la formule des logements familiaux de type HLM qui fut adoptée, en raison, semble-t-il, des modalités de financement qui lui sont propres, et peut-être aussi avec l'arrière-pensée que la situation familiale des immigrés pourrait un jour ou l'autre se normaliser, et leur famille les rejoindre. C'est ainsi, par exemple, que la Société nationale de construction de logements pour les travailleurs (Sonacotra) écrit : « On verra que les contraintes, surtout de prix, n'ont permis d'offrir que des chambres doubles, séparées en deux par une cloison légère. Jusqu'en 1966, aucun texte, même réglementaire, ne définissait les logements-foyers. C'est pourquoi la Sonacotra, créée en 1956, a d'abord construit des immeubles d'appartements familiaux F5 ou F6 aux normes du Crédit foncier de France[32]. » Ces appartements furent réaménagés de manière à permettre d'y faire vivre en une « famille » (artificielle) six, neuf ou dix « hommes sans famille » : on se contenta de diviser les pièces des « F6 familiaux » au moyen des fameuses cloisons, devenues un objet de litige puisque, « fragiles et minces, elles laissent passer le bruit, la lumière, les odeurs » et que, constituées souvent de matière inflammable, « elles ne sont pas conformes aux règles de sécurité en raison des grands risques d'inflammation qu'elles comportent». Ainsi, pour les promoteurs des foyers, les «chambres individuelles de 4, 5 mètres carrés» résultant des transformations apportées aux pièces et aux normes des HLM ont, elles-mêmes, une histoire: après les «resserrements», vinrent les «desserrements», puis de nouveaux «resserrements», si bien qu'il est admis aujourd'hui que la seule solution de rechange aux «chambres individuelles de 4, 5 mètres carrés» est celle qui conduit, «compte tenu [bien sûr] des ressources [minimes] des résidants», aux «chambres collectives plus spacieuses».

Un document de la Sonacotra explique: «Afin d'assurer aux résidants une relative intimité (c'est-à-dire au moins une isolation visuelle), en maintenant un prix de journée compatible avec les ressources des immigrés, la Sonacotra a obtenu l'autorisation de couper en deux les chambres de ces logements familiaux [...]. Ainsi, 9 ou 10 personnes ont été logées dans chaque appartement [...]. La Sonacotra s'est ensuite attachée à aménager des chambres de 9 m^2 [...]. Les prix de ces foyers se révélant trop élevés pour la plupart des travailleurs immigrés, la Sonacotra a de nouveau obtenu l'autorisation de couper en deux les pièces de 14 et 15 m^2 (normes HLM 1972 pour 2 personnes). À partir de 1974, elle n'a plus mis en chantier des foyers de ce type [...]. Actuellement, la Sonacotra envisage [...] de porter la surface de quelques chambres de F6 à 9 et 10 m^2 en supprimant les cloisons. Ce projet se heurte au fait que ces foyers sont très fréquentés, si bien que le « desserrement » ne concerne jusqu'à présent que de rares établissements [...]. En ce qui concerne la taille des chambres, compte tenu des ressources des résidants et des possibilités de financement, il y avait deux solutions : construire soit de petites chambres individuelles, soit des chambres collectives spacieuses. Les dirigeants de la Sonacotra ont adopté la première solution [...][33]. »

Si prolongé et si continu que soit le séjour de l'immigré, il reste défini par tout le monde et vécu par l'immigré lui-même comme *provisoire*[34]. Résidant provisoire par définition, l'immigré n'a à être logé que *provisoirement*; travailleur pauvre, il n'a à être logé que *pauvrement*. Cependant, lors même que le caractère de l'immigré et de son immigration n'est qu'une illusion collectivement entretenue, il permet à tous de s'accommoder du logement précaire, dégradé et dégradant, qu'on assigne à l'immigré. C'est dire à quel point la *dissimulation* (*i.e.* l'illusion du provisoire) qui est au principe même de la perpétuation de l'immigration est, ici, nécessaire. Et, quand l'immigration cesse, de fait, d'être provisoire alors que le logement le demeure, c'est encore l'illusion du provisoire qui permet de masquer le scandale d'un logement à jamais provisoire.

S'il est un logement qui répond bien à cette définition, logement à titre provisoire pour des hommes eux-mêmes « provisoires » et surtout « sans famille », c'est par excellence l'hôtel. Mais le « foyer pour travailleurs immigrés » n'est pas un hôtel comme les autres. « Hôtel-foyer », il s'identifie avec l'hôtel par certaines de ses caractéristiques, mais il échappe par certaines autres à la logique stricte de l'hôtel et parfois enfreint même cette logique. Par exemple, par la possibilité qui est donnée aux résidants de préparer leurs repas non pas, bien sûr, dans leur chambre, mais dans la grande cuisine-salle à manger collective prévue à cet effet ; le fait de pouvoir faire sa propre lessive ; le fait d'avoir, à défaut de personnel affecté à l'entretien des chambres, à faire son ménage (balayer soi-même sa pièce, faire son lit, etc.), toutes choses qu'on a peine à accepter dans le cas de l'hôtel, les unes étant interdites, les autres assurées par l'hôtel.

« Hôtel », le foyer peut aussi, en regard de certains de ses aspects, recevoir d'autres dénominations : « meublé », « centre d'hébergement », « foyer-dortoir », « foyer-hôtel », « foyer-appartement », « foyer-logement » ou, mieux, « logement-foyer[35] », autant d'appellations qui, privilégiant chacune un aspect ou une fonction particulière, s'accordent toutes pour refuser au foyer la qualité de vrai logement de caractère locatif, et au résidant celle de vrai locataire. Si le foyer se présente comme un logement sans définition juridique précise, comme un logement « spécifique » n'entrant dans aucune des catégories habituelles[36], c'est sans doute parce qu'il est conforme au statut ambigu de l'immigré actuel, qui n'est ni un résidant vraiment permanent, ni un résidant vraiment passager dont le temps de séjour est compté (qu'il lui soit compté ou qu'il le compte lui-même) ; ni un homme marié, chef de famille et vivant avec sa famille, ni un homme réellement sans famille.

D'infinies précautions sont prises pour que rien dans le vocabulaire utilisé pour désigner le foyer, le résidant, la nature juridique du lien qui unit ce dernier à l'organisme qui le loge, n'incline à identifier le « foyer » avec un vrai logement, le résidant avec un vrai locataire, et le contrat sur lequel se fonde implicitement l'occupation de la chambre avec un bail ou un contrat de location. Le terme de « résidant » s'est substitué à celui de « locataire » ; le « loyer » est qualifié tantôt de « redevance » (même s'il est reconnu, comme l'affirme la Sonacotra, qu'une part de cette redevance correspond à l'« équivalent du loyer », une autre aux « charges communes », la troisième aux « prestations de type individuel »), tantôt de « prestations » (Adatarelli*), de « participation aux frais de gestion » (Sonacotra, Maison du travailleur étranger) ou tout simplement « aux frais d'hébergement » (Aftam*), etc. ; le contrat est assimilé à un engagement d'« adhésion à un règlement intérieur » ou, au mieux, à un « contrat de résidence », à un « titre d'occupation écrit et signé ». On accorde à l'immigré « l'équivalent d'un contrat de location » mais jamais un contrat de location, des « droits équivalents à ceux d'un locataire » mais jamais le statut de locataire : « si le statut de locataire, dit la Sonacotra, paraît impossible pour les résidants des foyers-hôtels, des garanties

* L'Association d'aide aux travailleurs étrangers de la région lilloise (Adatarelli) et l'Association pour l'accueil et la formation de travailleurs migrants (Aftam) sont des organismes gestionnaires de foyers. Voir aussi note p. 123 [NdE].

équivalentes leur sont apportées par le nouveau règlement intérieur[37] ».

L'ambiguïté dans laquelle on maintient à dessein le statut du « travailleur-immigré-résidant-de-foyer », l'incertitude juridique dont on entoure le mode d'occupation de la chambre que le résidant habite dans le foyer autorisent toute une série d'interprétations, tournant toutes et toujours à l'avantage de l'organisme gestionnaire du foyer. Les manipulations auxquelles se prêtent les définitions juridiques du foyer comme logement *sui generis* finissent par imposer aux résidants, sans contrepartie aucune puisque la qualité de locataires ne leur est pas reconnue, les obligations cumulées communes à presque tous les locataires : locataires d'appartements (par exemple, l'obligation d'un loyer généralement mensuel et payé d'avance, parfois d'un dépôt servant de caution, le respect de toutes les clauses figurant dans un règlement de location, etc.), locataires de meublés et garnis (sauvegarde de l'équipement et du mobilier), locataires de chambres d'hôtel (interdiction de modifier l'agencement des lieux et la disposition du mobilier, interdiction de préparer les repas dans les chambres, de brancher des appareils électriques, etc.) ; et, d'autre part, les obligations communes aux membres des collectivités hébergées ou « internées », comme le respect des clauses plutôt disciplinaires figurant dans le règlement intérieur. Inversement, ces mêmes manipulations permettent aux responsables des foyers (organismes constructeurs ou propriétaires des foyers, associations qui assurent la gestion des foyers, responsables des foyers chargés de cette gestion, etc.) de s'octroyer unilatéralement, d'une part, tous les droits de tout propriétaire ou administrateur qui donnerait un logement quel qu'il soit en location, à savoir les droits, très étendus, des gérants d'hôtels, les droits des loueurs de meublés (dispensés de l'obligation de maintenir leurs locataires dans les lieux jusqu'à décision de justice), etc., et d'autre part, les droits reconnus aussi à toute institution hébergeant, souvent à d'autres fins que le simple logement, une collectivité.

À l'indétermination juridique de la nature des « foyers pour travailleurs immigrés », qui deviennent ainsi des « logements d'exception » (juridiquement parlant) auxquels il n'est décidément pas facile de donner un nom, correspond en fait la situation, elle aussi indéterminée et sans statut précis, des immigrés, « sujets (juridiquement) à part » – ce ne sont pas des citoyens. Le statut (ou l'absence de statut) du logement pour immigrés et celui des résidants dans ces logements ne sont-ils pas déterminés, en dernière analyse, par la qualité d'*étrangers* de ces résidants ? Il n'aurait pas été nécessaire de prévoir par exemple des dispositions spéciales (elles font l'objet d'un projet de loi) pour assurer « la reconnaissance institutionnelle et organisée de l'expression collective des résidants » et pour « organiser cette représentation collective au moyen de comités de résidants ou de conseils de maison[38] », si, en raison de leur qualité d'étrangers (*i.e.* de non-Français), il n'était pas interdit aux résidants des foyers de se constituer en associations, à l'instar de tous les autres colocataires ou copropriétaires (de nationalité française) d'un immeuble collectif. Faut-il instituer maintenant pour l'immigré, après l'avoir privé d'un « droit ordinaire », un droit presque « extraordinaire » qui ne manquera pas d'apparaître comme un « sur-droit » ?

Les immigrés et, à leur suite, tous les résidants de tous les foyers (foyers de jeunes travailleurs, foyers de personnes handicapées, d'étudiants, foyers de personnes âgées, etc.) deviendraient ainsi, de tous les locataires de leur logement, les seuls à détenir le droit de se faire représenter par des comités élus. Si la revendication, tenue pour essentielle par les résidants des foyers, de la reconnaissance de leur statut de locataires, se heurte à une vive opposition et est déclarée irrecevable, c'est sans doute parce que l'enjeu réel est, ici, non pas la simple question de la nature juridique de la relation au logement en foyer, mais la condition même de l'immigré.

UN HÔTEL PAS COMME LES AUTRES

En tant qu'il est un hôtel – cela dans le meilleur des cas, car il est encore des foyers qui ne sont que des dortoirs –, le foyer est « légitimement » amputé d'une partie des fonctions sociales qu'assure ordinairement le logement, même s'il faut, par la suite, les réintroduire après coup et de manière artificielle. Réduit à n'avoir de fonction que celle de gîte, il se désigne ainsi comme le logement adapté à des hommes eux-mêmes réduits à leur seule fonction de travailleurs.

C'est souvent explicitement que la résidence dans le foyer est subordonnée au travail, de manière générale (c'est le cas des foyers de la Sonacotra), et au travail dans une branche d'activité ou un type d'industrie particuliers, dans le cas où la construction du foyer a été financée en partie par les employeurs de ces secteurs : « Pour être admis au foyer-hôtel de…, il convient de justifier d'un *emploi régulier* ou de la qualité de travailleur bénéficiant des prestations des institutions de la Sécurité sociale » (art. 1 du règlement intérieur de la Sonacotra) ; « les Foyers du bâtiment hébergent les ouvriers du bâtiment appartenant à la Fédération parisienne du bâtiment, célibataires ou ayant accepté d'être logés comme tels […]. Les ouvriers sont admis dans les centres d'hébergement à *la requête de leur employeur* […]. Les chefs d'entreprises délivrent sur les chantiers des tickets *d'hébergement* […] » (art. 1, 2 et 3, du règlement des Foyers du bâtiment).

Parce qu'elle n'est rien d'autre (et n'a à être rien d'autre) qu'un lieu de sommeil, la chambre de foyer n'a pas à recevoir autre chose qu'un lit et n'a donc pas à être plus grande qu'elle n'est ; travailleur acharné, occupé la journée entière, parfois la nuit aussi, sur les chantiers et dans les usines, l'immigré n'a, à la limite, besoin de sa chambre que pour y dormir et rien d'autre. Que lui importe, par conséquent, que sa chambre soit spacieuse puisque, éternel voyageur sans bagage, il n'a rien à y déposer – si ce n'est sa fatigue de travailleur –, n'a rien pour la meubler – si ce n'est son inséparable valise (son seul compagnon des allers-retours cycliques qui font de lui un perpétuel résidant provisoire) ?

L'idée que l'immigré n'a que sa «valise» pour seul bagage est tellement forte que la mesure de «l'aide au retour», inventée et mise en application par Stoleru pour réduire le nombre des immigrés*, n'a pas prévu, en même temps que le billet de retour de l'immigré, une indemnité pour son déménagement, ni même pour un éventuel excédent de bagages; cette même idée semble tellement partagée que, hormis les intéressés – dont les réclamations et les protestations comptent peu et sont peu entendues –, il ne s'est pas trouvé une voix pour s'indigner de cette carence particulièrement significative: corps sans biens, l'immigré est renvoyé comme tel. Cette représentation de l'immigré «disponible», que rien n'enracine dans l'immigration – ni objet ni projet – est aussi celle que l'immigré a de lui-même; ne dit-il pas lui-même dans une de ses chansons satiriques, ironisant sur sa propre condition:

thabalis-th («une valisette»)
thakousthim-ts («une costumette»)
thagamil-ts («une petite gamelle»)
thafarchita-ts («une fourchette»)
thamousa-ts («un couteau», mais un petit couteau ridicule et inoffensif),
Et me voilà sur les routes!

* Sur cette «aide au retour volontaire», instaurée en 1977, voir les Repères chronologiques, p. 197 [NdE].

Nomade nouvelle manière, un « immigré avec des meubles » reste difficilement pensable. Ni son statut (il vit seul et, en théorie, il n'est là que provisoirement et seulement pour travailler), ni ses revenus (faibles et, en théorie, destinés à être économisés plus que dépensés) ne lui permettent de s'entourer de meubles, dont il n'a d'ailleurs que faire : « 7 m^2, c'est peu ; mais pour un travailleur pour dormir, ça suffit » ; « il ne s'agit plus d'hommes, mais seulement de travailleurs, et ils ne sont là que pour dormir[39] ». Considéré de la sorte, le « foyer-hôtel » demande à être occupé comme un hôtel. Telle la chambre de l'hôtel, dont la fonction est d'héberger seulement des passagers, la chambre de foyer d'immigrés est *garnie*; elle est meublée, elle aussi, mais plus modestement que dans le plus modeste des hôtels, du strict mobilier nécessaire à une personne vivant seule et presque tout le temps dehors : un lit d'une place, bas et souvent rabattable, une penderie-vestiaire, une chaise, plus rarement une table.

En raison de l'ambiguïté de ses fonctions et de son statut, le foyer s'aligne sur l'hôtel toutes les fois que cela peut répondre à certaines de ses exigences : ainsi, à la manière de la chambre d'hôtel – dont l'occupation se passe de tout contrat de location puisqu'il est patent que l'hôtel n'héberge que des clients de passage, c'est-à-dire pour un séjour limité, susceptible, certes, d'être prolongé ou renouvelé, mais dont l'unité de compte reste toujours la journée (ou la nuit) –, le foyer met à la disposition des résidants (on s'interdit de parler de « locataires ») des chambres ou des lits, sans qu'aucun contrat soit passé entre le preneur et le bailleur. C'est précisément l'absence de bail ou de contrat explicite de location, définissant les droits et les obligations de chacune des parties, qui rapproche le plus le foyer de l'hôtel et la situation du résidant dans le foyer de la relation que le client entretient avec l'hôtel et avec l'hôtelier. Même s'il paie par un véritable loyer l'hébergement et les services que lui assure le foyer – qu'il use ou non de ces services –, le résidant n'est, à proprement parler, ni un locataire, ni même un sous-locataire (en supposant que l'association gestionnaire du foyer puisse être considérée comme le locataire principal). Locataire, en fait, mais sans contrat de location, locataire de sa chambre (ou de son lit) au mois, mais sur la base d'un prix qu'on s'évertue à calculer ou à rapporter à la journée[40], le résidant d'un foyer pas plus que le client d'un hôtel ne peuvent, par exemple, jouir du droit au maintien dans les lieux dans les mêmes conditions que le locataire d'un logement ordinaire. Placé dans la position de l'hôtelier, le responsable du foyer s'autorise souvent de cet état de fait pour user à l'égard des résidants des droits du gérant de l'hôtel : l'hébergement n'étant acquis que pour la période d'occupation de la chambre déjà réglée à l'avance, le directeur du foyer peut toujours refuser de prolonger cet hébergement, comme il peut prononcer l'expulsion d'un résidant. En contrepartie de la faculté donnée ainsi au logeur, le résidant peut, à son tour, quitter le foyer sans être astreint à un long préavis (quelques jours seulement), presque de la même manière qu'un voyageur quitte l'hôtel ; il peut surtout abandonner provisoirement sa chambre, pendant les congés annuels par exemple, et la retrouver plus tard (mais dans la mesure seulement où il y a toujours des places disponibles) sans avoir à payer un loyer pour la réserver durant la période d'absence.

Se prévalant de la dénomination d'« hôtels » quand cette appellation les arrange, les foyers-hôtels se distinguent des hôtels par un grand nombre de caractéristiques. Ils font exception, déjà, en offrant certains services inhabituels de la part d'un hôtel et en se dispensant, par contre, de certains autres pourtant élémentaires et essentiels ; mais ils se distinguent de manière encore plus significative par leur répartition géographique et par leurs lieux d'implantation : installés le plus souvent dans les régions à forte concentration industrielle qui sont aussi les régions aux plus fortes concentrations de populations d'immigrés, ils sont localisés presque toujours dans la périphérie des zones urbaines.

« Cela tient à un ensemble de raisons, mais surtout à la cherté des terrains "bien situés" et à l'hostilité fréquente des populations et de leurs élus[41]. » Certes, une explication *technique* peut toujours être avancée pour rendre compte de la répartition des foyers à travers les communes et, au sein de celles-ci, à travers les quartiers : répartition des activités industrielles occupant une grande masse de main-d'œuvre immigrée, souci de rapprocher les lieux de résidence des lieux de travail, localisation des terrains disponibles, prix du terrain en fonction de sa localisation, etc. Sans être totalement fausse, cette explication prend la forme d'une justification *a posteriori*; au mieux elle expliquerait la discrimination *dans* l'espace, mais elle ne saurait être complète dans la mesure où elle occulte la fonction sociale dont est investi l'espace ou, ce qui revient au même, la discrimination qui s'opère *par* l'espace. L'inégale répartition des foyers, et par suite des populations immigrées à l'intérieur d'une même région, a fini par devenir l'objet d'une polémique, rendue publique, entre les municipalités qui se renvoient la charge qui n'est pas seulement financière (ou ne l'est que secondairement) d'héberger un foyer pour travailleurs immigrés : les unes, estimant supporter la totalité du « coût » (politique, social, culturel) de la présence des immigrés sur leur territoire sans en avoir, en compensation, la totalité des bénéfices, puisque ces derniers profitent à la nation entière (certaines diront qu'elles n'en tirent que des préjudices et aucun avantage), réclament une répartition plus équilibrée des foyers ; les autres, communes généralement non ouvrières ou très peu ouvrières, se montrent soucieuses de sauvegarder l'intégrité de leur paysage social et architectural, et refusent par conséquent toute forme d'habitat qui leur amènerait une nouvelle forme de « pollution » (sociale).

LE FOYER, UNE COMMUNAUTÉ IMPOSSIBLE

Différent de l'hôtel et de tout autre logement, le « logement-foyer » se présente sous les apparences d'une communauté. Certes, le fait de partager un même espace et, à l'intérieur de cet espace, les mêmes conditions de logement comme les mêmes conditions de vie (mêmes revenus et mêmes budgets, mêmes repas préparés souvent dans le même temps et le même lieu), la même discipline (celle qu'imposent le même règlement et la même autorité de contrôle), les mêmes activités (tâches domestiques ou activités de loisirs) et souvent suivant le même rythme, etc., tout cela ne peut que renforcer le sentiment qu'ont les immigrés de leur proximité sociale, de leur solidarité, voire de leur communauté de destins.

Cependant, même s'ils sont soumis aux mêmes règles – celles qui ordonnent la vie dans les foyers et, plus largement, celles qui distinguent en propre les immigrés –, même s'ils font l'objet du même traitement social – celui qui est réservé, en gros, à tous les immigrés, et plus particulièrement à la fraction qui est rassemblée dans les logements collectifs –, les résidants des foyers restent des individus épars et distincts. La « communauté » qu'on veut ainsi fonder à l'occasion ou sur la base de l'unité de résidence est en réalité indépendante de cette unité. Simple abstraction ou donnée *a priori*, la communauté postulée entre les résidants d'un même foyer existe plus, semble-t-il, dans la représentation qu'on se fait des immigrés que dans la réalité sociale qu'ils constituent : elle procède de la perception confuse du monde de l'immigration comme doté d'une cohésion interne, simplement parce qu'il est un monde distinct. C'est, sans aucun doute, la tendance à percevoir les immigrés comme une catégorie homogène qui incite le plus à vouloir, en les regroupant dans le même habitat, les constituer en une communauté intégrée, alors qu'ils ne forment, somme toute, qu'un amalgame d'individus ou de groupes d'individus que sépare, en dépit du statut et de la condition sociale qu'ils partagent, toute une série de différences dans les itinéraires particuliers, dans l'histoire sociale de chaque mouvement national d'émigration, dans leur position au sein de cette histoire, etc.

Au fond, ne s'autorise-t-on pas du préjugé identifiant les uns aux autres tous les immigrés d'une même nationalité, d'une même ethnie ou d'un groupe de nationalités (les Maghrébins, les Africains noirs...), pour faire passer dans la réalité et pour mettre en œuvre dans la pratique, en toute légitimité et en toute liberté, l'illusion communautaire ? Ainsi, la perception naïve et très ethnocentrique qu'on a des immigrés comme étant tous *semblables* se trouve au principe de cette communauté illusoire. Il s'y ajoute, dans le cas des immigrés algériens et, plus largement, marocains et tunisiens, la représentation de la « nature » psychologique « arabe », telle qu'elle est vulgarisée par les « spécialistes » de « la mentalité primitive », de « l'âme et de la psychologie nord-africaines, musulmanes» (anciens officiers des Affaires indigènes ou musulmanes, anciens militaires ayant eu sous leur commandement des soldats nord-africains, anciens missionnaires, anciens administrateurs et anciens juges dans les colonies, médecins, psychologues...). Cette «nature» est présentée comme éminemment contradictoire afin, sans doute, de justifier les propos contradictoires qu'on tient sur ces immigrés-là, les réalisations contradictoires qu'on leur propose: «nature» grégaire, qui ne peut supporter l'isolement individualiste, qui ne peut être satisfaite que par la vie en groupe, «patriarcale», «tribale», etc. – ce qui équivaut, en réalité, à stigmatiser l'absence des qualités «individuelles» ou du sens de l'individu, vertu cardinale du système social dans lequel est engagé l'immigré –, mais, en même temps, «nature» individualiste, au mauvais sens du terme bien sûr, c'est-à-dire «égoïste», dans la mesure où elle n'est capable d'aucun «sacrifice» ni d'aucun détachement par rapport à l'instant et à l'intérêt immédiats[42].

Cette «nature», intrinsèquement contradictoire, va déterminer la forme de l'habitat considérée comme capable de concilier les tendances antagonistes qui portent cette population simultanément vers le «regroupement» et vers l'«individualisme»; elle servira tantôt à justifier les «dortoirs» et les lits accumulés dans la même petite pièce («après tout, ils ont l'habitude de tout partager entre eux, de vivre ensemble, de s'entraider[43]»), tout en louant les effets d'*individuation* dus aux nouvelles conditions de logement, tantôt à dénoncer les quelques manifestations communautaires, parce qu'elles sont contraires à l'esprit et à la lettre du règlement intérieur (mesures de solidarité, hébergement clandestin, etc.) ou, à l'inverse, les comportements revendicatifs jugés trop « individualistes », voire « égoïstes » et « mesquins », uniquement parce qu'on les trouve de peu d'intérêt et parce qu'on les estime disproportionnés par rapport au but visé. La « nature » incertaine, irrémédiablement vouée aux contradictions, qu'on prête aux immigrés, jointe à la perception globale qu'on a d'eux comme formant une catégorie homogène, est certainement à l'origine de l'indignation qu'on éprouve quand, par exemple, un désaccord et à plus forte raison une dispute surgissent entre les résidants (très fréquemment de nationalités différentes) ou, plus ordinairement, devant les réactions des immigrés[44], qu'on trouve « trop durs les uns pour les autres » : « ils ne se pardonnent rien » ; « ils ne peuvent même pas s'entendre entre eux [sous-entendu : eux qui sont, pourtant, compatriotes ou de la même condition], il faut que chacun paie pour soi et au centime près ce qu'ils ont consommé en eau et en électricité » ; « ils ne peuvent pas se mettre d'accord, vivre en paix et ne pas se disputer » – la « paix » et l'ordre au sein de la population immigrée sont aussi une des fonctions des foyers, une fonction qui n'est pas toujours facile à accomplir.

Comme si elle était elle-même ignorante de ses propres effets et comme si elle n'hésitait pas, au besoin, à les contredire, c'est toute l'institution du logement en foyer qui, prenant prétexte des « traditions communautaires » attribuées aux immigrés, est amenée à faire, quand cela l'arrange, une surenchère sur la solidarité « traditionnelle », au point de vouloir la réimposer. La contradiction est-elle, comme on le postule, dans l'objet lui-même, c'est-à-dire dans la nature même de l'immigré ? Ou, au contraire, est-elle une simple projection des conditions sociales qui ont présidé à la constitution de l'objet, c'est-à-dire à la constitution de l'immigré et, plus particulièrement, à la manière dont on en assure la gestion ?

Regroupement d'individus occupant le même espace et participant plus ou moins aux activités que cet espace leur propose (cuisine, salle de télévision, cercle de réunions, cercle-bar, office de prière, terrain ou salle de sports, etc.), le foyer est à l'habitat en hôtels, meublés et garnis, dans lesquels les immigrés se retrouvent et reconstituent des communautés relativement mieux intégrées, ce que, dans un autre champ spatial, le logement de type HLM, lieu de résidence collectif, est au bidonville et même dans certains cas à la cité de transit ou d'urgence, tous milieux de vie communautaire ou (relativement) plus communautaire. De la même manière, les résidants des foyers sont aux immigrés habitant les meublés des quartiers d'immigrés ce que, dans une certaine mesure, les locataires des HLM sont aux occupants des bidonvilles : alors que le foyer (comme la cité de HLM) se peuple selon un processus administratif, ne prenant en compte que les individus (chaque résidant est une unité), c'est-à-dire leur situation administrative (pour ne pas dire leur seule solvabilité) ainsi que les garanties qu'ils peuvent offrir[45], le meublé accueille, selon des mécanismes d'agrégation d'une autre nature, des immigrés se connaissant déjà, originaires d'une même région, appartenant aux mêmes unités sociales et, souvent, unis par des liens de proche parenté. Dans un cas, la communauté entre les résidants du foyer est à créer à partir de l'espace commun et des conditions de vie qu'il impose et elle est appelée à disparaître sitôt que cesse la cohabitation ; dans l'autre cas, la communauté entre les colocataires occupant un même hôtel ou une série de chambres dans un même meublé préexistait à la cohabitation et, certainement, lui survivra. On peut même dire que c'est cette communauté qui permet la cohabitation, qui la justifie en tout cas au point d'autoriser, par exemple, un père et un fils ou deux frères à partager la même pièce : parce qu'elle est légitimée de la sorte, la promiscuité objective due à l'exiguïté de l'habitat est, ici, niée comme promiscuité pour n'être qu'une proximité rendue licite et, de ce fait, acceptée.

À l'inverse, parce qu'elles sont le résultat d'une proximité imposée et parce qu'elles n'ont pas – ou, si elles l'avaient eue, elles l'ont perdue – cette intensité des relations fraternelles qui soudaient dans leur ancien quartier les communautés des immigrés, les relations entre les résidants d'un même foyer sont condamnées, sauf exception, à rester superficielles et occasionnelles. Elles font l'objet d'une double dénonciation, en apparence contradictoire : en même temps qu'on se plaint d'être « isolé », c'est-à-dire éloigné de l'atmosphère vivante de l'habitat des vieux quartiers (qu'on continue d'ailleurs à fréquenter), des relations qu'on y a laissées (et qu'on continue à entretenir) ou qu'on peut y nouer, on se plaint également, et paradoxalement, de la promiscuité à laquelle oblige le foyer et qui, au fond, n'est, ici, que de la simple proximité vécue comme imposée et comme illégitime parce qu'elle échappe aux règles habituelles d'agrégation[46]. Aussi n'est-il pas surprenant que, pour éviter que le champ de leurs relations ne se rétrécisse et se limite à celui que leur impose le foyer (la collectivité des résidants, circonscrite à l'intérieur du foyer), les résidants retournent dans leur ancien quartier ou aillent dans le quartier des immigrés pour faire leurs achats selon leurs goûts et selon les habitudes qu'ils y ont prises mais, plus sûrement encore, en raison des prix plus avantageux (viande et autres produits alimentaires, vêtements, tissus, etc.), pour y retrouver leurs amis et parents, leurs anciennes activités de loisirs, leurs distractions, celles-là mêmes que l'équipement du foyer pourrait pourtant leur offrir. Le logement en foyer, dans ces conditions, isole les résidants les uns des autres, à l'intérieur même du foyer, et les isole des autres immigrés plus qu'il ne contribue à les rapprocher et à les unir.

Témoignage d'un résidant du foyer Sonacotra de Romainville

Immigré, il compte plus de vingt-huit années de travail en France et approche aujourd'hui de la retraite. Il avait habité, jusqu'à la démolition de l'immeuble, « le café de quelqu'un du pays », comme il dit, probablement une chambre d'un petit hôtel attenant au café que tenait un autre immigré originaire du même village que lui. Il avait rejoint au foyer de Romainville son fils, qui y logeait déjà depuis quelque temps (son fils semble être rentré définitivement en Algérie). Mal à l'aise dans l'espace du foyer, qu'il « ne peut comprendre » et encore moins maîtriser, il se résigne à en faire un usage minimal, *continuant à vivre pour tout le reste hors du foyer.*

« Je m'entends bien avec tout le monde [tous les résidants du foyer] ; mais j'arrive, je monte dans ma chambre et je ne sors plus. Si je quitte ma chambre, c'est pour regarder un peu la télévision, juste la télévision, et je remonte chez moi [...]. Oh non ! Tu ne peux pas regarder la télévision tout le temps, durant toute une heure, pendant toute la soirée. Elle est dans le "café" [l'interviewé continue à désigner du terme *elqahwa*, "café maure", la salle en sous-sol que tous les autres résidants appellent communément "bar", selon la terminologie officielle], il y a trop de bruit, de chahut ; on y joue aux cartes, aux dominos, on boit, tu ne peux pas être tranquille pour "te faire spectateur". Alors, je passe, je jette un coup d'œil un petit moment, c'est tout [...]. Et puis, il faut boire, je n'aime pas cela [...]. Pourquoi ? Cela n'a pas de sens. Un café, je le prends avec toi, avec un ami, avec des amis que j'ai plaisir à retrouver, avec qui j'ai plaisir à bavarder. Là, très bien ; là, d'accord. Nous nous retrouvons dehors, je t'invite, tu m'invites, très bien ; cela fait plaisir. Ici, tu rentres [dans la salle du bar], tu demandes ton café ou ton thé, tu le bois seul comme un "sauvage" [*elwahchi*, un "solitaire"], debout, au comptoir, ou tu le transportes sur une table dans un coin. Ce café-là, je le bois dans ma chambre ou alors dans la cuisine. Mais tu as vu la cuisine ? Tu as vu comme elle est sale ? Si je pouvais, je n'y mettrais jamais les pieds. Combien de fois, je leur ai dit [expression qui signifie en réalité : "combien de fois, je me suis dit" ou "je me suis imaginé leur dire, si je le pouvais"] [...]. Tu prépares ton repas, ça va ; il vaut mieux encore le faire dans la cuisine que dans la chambre – la chambre restera toujours propre –, mais après cela, il aurait fallu qu'on puisse monter tout dans la chambre pour manger tranquillement [...]. Seul ou avec ses compagnons [de chambre], comme on veut ; je suis seul dans ma chambre, il n'y a qu'un lit. Il est interdit de manger dans la chambre [...]. Je voudrais bien t'inviter dans ma chambre, te préparer un café, un "pot" de thé ; nous le prendrions ensemble, mais cela est interdit. Tu viens me voir ici, chez moi – je t'ai donné mon adresse, je t'ai dit que j'habite à tel endroit –, tu es venu, mais je ne suis pas chez moi. Ce n'est pas chez toi, quand quelqu'un arrive à ta porte et tu lui dis : "Viens, nous sortons pour bavarder, pour prendre un café, pour manger." C'est une chose que je ne comprends pas ; cela fait cinq ans que je suis ici [dans le foyer], je n'ai pas encore compris. Avant, ce n'était pas beau, ce n'était pas "luxe", là où j'habitais, mais j'étais chez moi [...]. Ici, tu habites mais tu n'es pas chez toi ; personne n'est chez lui, ici; nous ne sommes pas chez nous ["chez toi", "chez lui", "chez nous" : cela désigne, bien sûr, le foyer mais, peut-être, aussi toute la France] [...].

Je connais tout le monde, mais avec tout le monde : "Bonjour, ça va, ça va, tant mieux..." Il y en a que je connais depuis très longtemps... Oui, bien avant que nous nous retrouvions ici [dans le foyer], il y en a même du "pays". J'ai eu deux parents qui ont habité ici, ils sont partis maintenant, mais ici, dans le foyer, c'est comme tout le monde. Nous sommes amis, nous sommes du même pays, des frères dehors, quand nous sommes entre nous ; mais ici, quand nous sommes là entre nous, quand nous rentrons, chacun reprend sa place [...]. Ah oui, j'ai vu cela : dehors, ce sont des amis, mais ici, ils sont comme tout le monde [...].

Le gérant, je n'ai rien à en dire personnellement. Il fait son travail, je suppose. Je n'ai jamais eu affaire à lui ; ce que je dois, je le paie tout de suite. Nous avons arrêté de payer [les loyers], mais pour moi c'est comme par le passé : l'argent [du loyer] est là [mis de côté]. Tu ne vas pas habiter sans payer : un jour ou l'autre, il faudra tout payer ; tout se paie, il n'y a que Dieu qui est Eternel ! [...]. En vérité, depuis que je suis ici, jamais quelqu'un [de l'administration] n'est entré dans ma chambre en mon absence. Je dis "ma chambre", mais non. Ce n'est pas ma chambre ; ils sont chez eux, ils peuvent entrer autant qu'ils voudront et quand ils voudront. Je paie mais je suis chez eux, le foyer est à eux [...]. Ce qu'il y a ici : tu n'es pas chez toi, ni dans le foyer, ni dans ta chambre. Il n'y a rien, même la chose la plus insignifiante, il n'y a rien que tu dises ou que tu fasses sans que le gérant le sache : tu te disputes, tu te mets en colère ou tu t'entends bien avec tel ou tel autre, le gérant est informé ; pour le moindre petit incident, il vient voir, alors cela devient une grande chose. C'est la raison pour laquelle mieux vaut régler tes affaires dehors. Rentré ici, ta chambre, ton lit et rien de plus ! »

Le logement en foyer s'oppose fortement aux meublés et garnis, le logement traditionnel des immigrés, où tout porte à perpétuer les anciennes solidarités ; alors que les exigences de la vie urbaine, la logique même du travail salarié et de l'économie monétaire tendent à affaiblir ces solidarités, les contraintes qui pèsent sur les immigrés les obligent, au contraire, à resserrer les liens de mutuelle assistance qu'ils croient devoir se porter. À la limite, c'est toute une forme originale d'adaptation aux conditions de vie dans l'immigration qui est ainsi rendue possible par la cohabitation, qui impose une forme particulière d'*indivision* : un même toit appelle à la longue une même cuisine, et celle-ci, en partie, un même budget. La cohabitation dans une pièce commune impose un certain nombre de dépenses communes, non seulement celles qui sont liées au logement (le loyer, bien sûr, la consommation d'électricité, de gaz, d'eau, les frais d'entretien de la pièce, etc.), mais aussi celles qui concernent la nourriture. Ainsi, ce ne sont pas seulement les repas préparés en commun, souvent par une même personne (la plus experte, la plus disponible en raison de son emploi du temps, ou à tour de rôle), et les dépenses entraînées par ces repas qui sont partagés, c'est souvent l'ensemble du budget qui est commun. Acte premier de la solidarité qui s'impose aux différents groupes d'immigrés – ne dit-on pas du nouvel immigré qu'on accueille qu'« il a fallu l'ajouter à la communauté parce qu'on ne peut le laisser dehors » ? –, la cohabitation impose d'autres solidarités, à commencer par l'obligation d'offrir le couvert à la personne à qui on offre le gîte ; c'est souvent aussi que le groupe qui partage la même chambre prend en charge et se partage, en cas de nécessité, le loyer du compagnon défaillant ainsi que tout un ensemble d'aides (prêts d'argent, crédit, services, etc.).

« On ne peut pas manger et laisser [l'autre] regarder [manger] » : cet impératif, qui en temps ordinaire valait déjà pour les simples relations de voisinage, s'impose avec plus de force lorsqu'il s'agit des relations de cohabitation ; la cohabitation contraint chacun à se soumettre aux mêmes règles de vie et, ici, aux mêmes règles de dépenses. Partager le même espace, le même habitat et, par suite, plus largement, les mêmes conditions de vie revient à perpétuer, en dépit des transformations qui peuvent se produire dans les autres domaines de l'existence des immigrés, une *manière d'être* (immigré) caractéristique d'un certain état de l'immigration, c'est-à-dire une certaine représentation que les immigrés ont solidairement d'eux-mêmes, de leurs relations avec leur pays d'origine et avec la société française qu'ils côtoient. De tous les facteurs qui contribuent à assurer l'intégration des groupes d'immigrés, l'habitat est sans doute celui qui agit le plus efficacement, et cela d'autant plus qu'il est plus déficient, plus misérable, plus discriminatoire. La cohabitation dans le même type de logement ou le même quartier, quand ce n'est pas dans la même chambre, ainsi que l'indivision qui lui est liée, constituent la défense majeure contre la dissolution des communautés d'immigrés, contre leur éparpillement, contre l'*individuation* que favorisent les nouvelles conditions de vie et, corrélativement, contre le relâchement des liens avec le groupe d'origine et, plus largement, avec le pays. Si de nombreux immigrés répugnent toujours, sauf cas de nécessité, à délaisser l'habitat qu'ils partagent avec d'autres compagnons – de même qu'ils s'opposent à ce que d'autres immigrés, notamment les jeunes, quittent cet habitat –, c'est sans doute parce qu'ils ont confusément conscience que la communauté d'habitat est le fondement de la vie communautaire qu'ils parviennent à reconstituer tant bien que mal. En même temps qu'il témoigne de la bonne intégration à cette vie communautaire, ce refus tend, par un effet en retour, à renforcer et à perpétuer, hors du contexte d'origine, l'intégration de ces petites formations en lesquelles les immigrés aiment se retrouver, à la fois par nécessité et par obligation. On comprend de la sorte que se « désolidariser » de l'habitat des immigrés, ne serait-ce qu'en allant résider dans un « foyer pour travailleurs immigrés », c'est, d'une certaine manière, se désolidariser de toute la communauté des immigrés à laquelle on continue d'appartenir.

Aussi les immigrés résidant dans les foyers, surtout quand ils font de cette résidence l'occasion de prendre des distances avec les autres immigrés du même groupe d'origine, se distinguent-ils (sauf cas contraires à analyser) de ceux qui continuent à vivre dans les garnis ou meublés. Et les collectivités qu'ils sont amenés à constituer ou, plus exactement, dans lesquelles ils se trouvent pris se distinguent elles aussi des petites communautés, infiniment plus soudées et plus intégrées, qui se sont forgées sur la base d'un habitat plus « traditionnel ». À cet égard, ce n'est pas sans raison que la représentation des différentes catégories de la population immigrée (établies principalement selon la nationalité et la période d'arrivée en France) parmi l'effectif total des résidants des foyers n'est pas proportionnelle à leur importance globale. À titre d'exemple particulièrement illustratif, on peut comparer sous ce rapport les immigrés algériens et les immigrés originaires d'Afrique noire. Alors qu'ils constituent (après les Portugais) la communauté la plus nombreuse et, surtout, la plus ancienne et alors qu'ils devraient être encouragés à préférer le mode de logement en foyer – puisque l'organisme le plus important de l'institution des « foyers pour travailleurs immigrés » (la Sonacotra) ainsi que le Fonds d'action sociale pour les travailleurs migrants (Fas), qui sert à financer la construction et la gestion des foyers, étaient, à l'origine, destinés exclusivement aux « travailleurs musulmans d'Algérie en France* » –, les immigrés algériens, même s'ils sont majoritaires dans certains foyers (ils fournis-

* Voir les Repères chronologiques, p. 197.

saient, en 1979, près de 47 % de l'effectif des résidants des foyers de la Sonacotra), y sont relativement peu représentés dans l'ensemble. Sans doute leurs réticences à l'égard de ce type de logement s'expliquent-elles, en partie, par les possibilités qu'ils peuvent trouver ailleurs, c'est-à-dire auprès des leurs, comptant sur la somme des solidarités qu'ils savent pouvoir mobiliser. À l'inverse, arrivés plus récemment en France, à une époque où il devenait extrêmement difficile, sinon impossible, aux nouveaux venus de « s'approprier » un espace disponible même dans les périmètres concédés aux immigrés, les immigrés d'Afrique noire n'avaient d'autre ressource pour se loger que le foyer : c'est ainsi qu'ils ont pu, dans les cas au moins où ils étaient majoritaires, investir cette structure à la manière d'un espace communautaire, c'est-à-dire avec les dispositions sociales que requiert la vie en communauté (à la manière dont certains autres immigrés, notamment les immigrés algériens, ont investi le logement en hôtels, meublés et garnis).

Ainsi, en raison, d'une part, des différences sociales et culturelles (âge, scolarisation, qualification professionnelle, revenus, origine rurale ou ruraux déjà urbanisés, origine paysanne ou ruraux « dépaysannés », etc.) qui distinguent les immigrés (ou groupes d'immigrés) et déterminent des attitudes différentes à l'égard des différentes formes d'habitat et, d'autre part, des différences dans les processus qui ont conduit ces différentes catégories d'immigrés à résider ensemble dans les mêmes foyers, le mode de logement en foyer opère une distinction en deux groupes. D'un côté ceux qui, parce qu'ils réunissent les conditions économiques et culturelles d'une transformation globale des dispositions économiques (esprit de calcul, émergence de l'individualisme en tous les domaines, autant de dispositions en corrélation avec les exigences inhérentes au type de logement qu'est le foyer), s'avèrent aptes à faire de l'accès au foyer l'occasion d'une restructuration du système des pratiques qu'on observe, par exemple, dans leur gestion du budget, dans leurs activités de loisirs ou encore dans leurs relations avec leurs compatriotes, dans leur attitude à l'égard de leur communauté d'origine et à l'égard de la société française, etc. De l'autre côté, ceux qui, parce qu'ils n'ont ni les moyens culturels ni les dispositions que requiert le logement en foyer, ont le sentiment qu'en emménageant dans le foyer ils ont tout perdu sans gagner grand-chose. Ils ont tout perdu dans la mesure où il leur est interdit de reconstituer sur place l'équilibre économique et social qu'ils avaient réalisé dans leur ancien habitat ; ils n'ont rien gagné parce qu'ils ne peuvent substituer à l'équilibre perdu un autre équilibre construit sur de nouvelles bases.

Dans le logement traditionnel, dans les meublés et garnis, le système de relations en vigueur entre les différents occupants, voire entre ces derniers et le propriétaire quand il est lui-même immigré (celui qu'on appelle, souvent un peu à la légère, un « marchand de sommeil »), constitue, à coup sûr, grâce à la solidarité qu'il met en œuvre, une garantie de sécurité pour celui des occupants qui ne peut momentanément payer son loyer : la pire et extrême sanction, ici, étant d'être renvoyé, mais renvoyé sans procédure judiciaire, sans poursuite ni sommation d'huissier et souvent sans frais et sans dette – car on ne réclame rien à celui dont l'insolvabilité est connue de tous. Dans le cas du logement en foyer, la règle administrative et comptable, avec l'anonymat et la rationalité abstraite qu'elle postule, ne manque pas de déchaîner, quand elle se met en branle, l'énorme et froide mécanique du procès en non-paiement, avec toutes les conséquences morales, sociales et pécuniaires ; ce n'est qu'après un conflit extrêmement long et dur avec les résidants de ses foyers que la Sonacotra, par exemple, découvre combien est excessive, dans le cas d'ouvriers peu payés et mal assurés de la stabilité de leur emploi, la rigueur que le règlement administratif affiche dans la perception à échéance fixe des redevances mensuelles, et qu'elle songe à atténuer cette rigueur.

De la même manière, contrairement à ce qui est de règle dans l'habitat – exigu jusqu'à la promiscuité – en meublés et garnis, disposer dans le foyer d'une pièce commune à l'étage destinée à servir de cuisine et de salle où prendre les repas (on n'oserait dire « salle à manger »), disposer dans cette pièce de feux individuels (en nombre insuffisant) ne suffit pas à amener les résidants à partager la même cuisine, à la préparer en commun (ensemble ou à tour de rôle) et surtout à partager la partie de leur budget consacrée à la nourriture. Toute l'organisation du foyer (son organisation spatiale et la répartition des activités dans des lieux prédéterminés chacun par un usage particulier) s'oppose à la reconstitution spontanée d'activités véritablement communautaires. C'est pourquoi le foyer se présente pour un grand nombre de ses résidants comme un espace contradictoire : d'un côté, bien qu'il soit commun à tous ses occupants, il ne tolère cependant ni partage ni participation communautaires ; de l'autre côté, lieu géométrique d'activités que les nouvelles conditions de vie et de logement ont « individualisées » (entre autres exemples, chaque résidant a sa cuisine propre et, corrélativement, son budget propre, son temps de cuisson et son heure de repas propres, en attendant de disposer d'un « casier réfrigéré » particulier dans la salle de cuisine collective, etc.), il ne peut cependant être traité comme une somme d'espaces « individualisés », ce qui exigerait que l'espace privé de chacun soit rigoureusement délimité, défini et investi d'une fonction univoque.

LA COMMENSALITÉ IMPOSSIBLE

Il n'est que d'observer les résidants dans leur « cuisine-salle à manger » au moment des repas, autour de la grande table disponible, les uns en train de manger, les autres en train de préparer les denrées à faire cuire, pour se rendre compte à quel point l'espace, tel qu'il est conçu et aménagé, peut imposer l'« intention » qui l'habite ; dans quel désarroi il peut jeter ceux qui ont à l'occuper sans être en mesure de se conformer à cette intention. À l'ancienne solidarité, qui imposait à tous ceux qui cohabitaient dans la même chambre de s'aligner sur le niveau de dépenses et de consommation le plus bas (niveau compatible avec les moyens du plus démuni ou de celui qui a les plus grands besoins), se sont substituées dans le foyer des habitudes de méfiance, d'imitation, donc de rivalité, qui incitent à une surenchère dans la consommation, la règle s'étant instituée de « consommer comme le voisin, voire plus que le voisin, sinon de *déménager* » (*i.e.* de ne plus habiter près de lui, à plus forte raison avec lui). Contraints, en préparant leurs repas dans une pièce (appelée « salle-cuisine », « salle commune », « tisanerie », etc.) ouverte à tous et perçue, pour cette raison, comme une sorte de « lieu public », d'étaler ce qu'ils mangent et ce dont ils vivent – c'est toujours trop ou trop peu –, ce n'est pas sans une certaine gêne, un sentiment de honte, voire de culpabilité, que les résidants s'acquittent furtivement, « à la sauvette », de leur corvée (sociale) de cuisine ; ni sans malaise qu'ils prennent ces repas préparés devant témoins mais appelés à être consommés individuellement devant ces mêmes témoins qui ne peuvent être ni totalement ignorés, ni traités comme de vrais commensaux. N'osant pas s'associer aux « voisins de repas » (à la fois trop proches et trop distants), ne fût-ce que symboliquement, c'est-à-dire en sacrifiant, par exemple, aux formules de civilité habituelles (« bon appétit ! » ou, selon une autre forme d'expression : « Hommes assemblés, approchez ! Venez m'assister ! Venez communier avec moi, au nom de Dieu ! » – « Que Dieu te rassasie ! ») ; n'osant pas manger dans un isolement délibéré, c'est-à-dire en prenant le parti d'ignorer l'assistance, il ne reste plus aux résidants placés dans cette situation contradictoire qu'à manger « honteusement », tête basse, parmi les autres mais pour eux-mêmes, faisant ainsi l'apprentissage de la fonction purement organique et individualiste de la prise de nourriture, au préjudice de la fonction sociale du repas comme acte de communication. On comprend de la sorte à la fois la hâte avec laquelle les résidants absorbent souvent leurs repas et l'application qu'ils mettent à accomplir cet acte privé qu'ils sont contraints d'effectuer en public. Faute de pouvoir s'isoler dans leur chambre pour manger tout seuls – ce que le règlement intérieur des foyers interdit –, ils « s'isolent » en eux-mêmes et se réfugient dans le mutisme : debout en quelque coin obscur de la « salle à manger », tournant le dos aux compagnons, ou bien assis maladroitement et timidement au bout de la table, de côté, sur le bord de la chaise (jamais de la manière assurée de ceux qui s'assoient face à leur assiette), ils prennent l'air faussement appliqué de celui qui est tout entier absorbé par sa tâche – c'est sérieux de manger, cela dispense de se rendre compte de ce qui se passe autour de soi.

Pour échapper à cette situation à laquelle on ne s'habitue que difficilement, il n'est que deux comportements possibles : ou bien, mais ce ne peut être qu'exceptionnel, s'efforcer de redonner, le temps d'un repas convenu longtemps à l'avance, préparé ensemble et en abondance, sa valeur de commensalité et sa fonction de fête au partage de la nourriture ; ou bien, le plus souvent, s'épargner la corvée morale du repas public en lui substituant un « casse-croûte » ou un « café » (en réalité, l'équivalent d'un petit déjeuner) qui peuvent être pris dans la chambre, au risque d'aller à l'encontre du règlement.

Plus généralement, le foyer comme mode de logement fait partie de tout un système social et culturel ; à ce titre, il impose l'adoption d'un style de vie qui n'est pas à la portée de tous les résidants. Habitant un univers avec lequel ils n'arrivent pas à se familiariser vraiment, ils s'y sentent, de leur aveu, « comme noyés et comme désorientés » et vont à travers les espaces collectifs (le hall d'entrée, les couloirs), généralement d'un endroit précis à un autre et toujours à des fins bien déterminées, « en se tenant sur les bords » (*i.e.* en rasant les murs). Ce sont, d'ailleurs, toujours les mêmes résidants, en nombre restreint, qu'on retrouve un peu partout dans le foyer, occupant les lieux intensément et largement, et avec le plus de naturel ; et ce sont aussi les mêmes qui s'isolent dans leur chambre, où ils passent la presque totalité de leur temps libre (72 % des résidants des foyers de la Sonacotra, selon une enquête réalisée en 1973). Indifférents au confort relatif (objectivement plus grand que dans le logement en meublés et garnis), aux équipements et à l'animation, dans lesquels ils ne sont portés à voir qu'un supplément de charges, d'entraves et de servitudes ou, du moins, surtout dans le cas des activités d'animation, l'expression de préoccupations qui leur sont étrangères, ils retournent contre le logement toutes les raisons d'insatisfaction, se plaignant en particulier de la cherté du loyer. La revendication, apparemment obstinée, de loyers moins élevés et surtout le refus, accompagné d'un sentiment de malaise, de se rendre aux raisons comptables qu'avancent les gestionnaires pour justifier les prix pratiqués ne se comprendraient pas si on ne se souvenait que la protestation porte non pas sur la valeur absolue du loyer, mais sur sa valeur relative : le loyer n'est pas tellement cher pour lui-même, il est trop cher pour ce qu'est le logement en foyer ou trop cher en raison de ce qu'impose ce logement.

LE FOYER COMME LIEU DE TRAVAIL SOCIAL

À sa fonction initiale le « foyer pour travailleurs immigrés » ajoute une « action socio-éducative » et devient ainsi le lieu d'un intense travail pour la « bonne adaptation », d'abord au logement et, plus largement, à toute la vie sociale. Héritière d'une longue tradition de « travail social » qui semble avoir trouvé, à travers ces « nouveaux pauvres », un nouveau public et un nouveau champ d'application, l'œuvre pour le logement des travailleurs immigrés est, d'abord, une affaire de « philanthropie » : en effet, parce que les foyers sont, en règle générale, la propriété d'organismes de type HLM (à l'exception de la Sonacotra, qui est propriétaire et gestionnaire de la plupart de ses foyers), leur gestion ne peut être confiée qu'aux associations, d'origine professionnelle ou caritative, qui ne recherchent aucun but lucratif, car elles sont les seules habilitées, au regard de la loi, à les « louer ou sous-louer en meublés[47] ». Cette action « philanthropique » – au demeurant financée par les fonds publics (par les subventions du Fas notamment) –, dont on ignore si elle ne fait que couvrir une entreprise d'une autre nature (et délibérément « policière ») ou si, au contraire, elle souffre d'être « pervertie » et détournée de ses intentions premières, n'est possible qu'à condition qu'elle s'accompagne de la *croyance* dans les fins (philanthropiques) qu'elle vise. Cette croyance se nourrit d'une certaine image de l'immigré : c'est parce que le travailleur immigré est *isolé, démuni*, c'est parce qu'il est, en sa qualité d'*étranger* et d'étranger de *basse condition sociale*, peu familier, « mal adapté » ou « inadapté » aux conditions de vie et de travail, aux mécanismes administratifs, économiques et sociaux caractéristiques de la société industrialisée, qu'il relève d'une action d'aide et d'assistance, de défense et de protection (au besoin, contre lui-même), d'éducation et de formation : le « foyer » loge, bien sûr, mais aussi il divertit, il instruit et forme, il supplée aux carences sociales et culturelles des résidants (le personnel du foyer peut, le cas échéant, faire office d'« écrivain public ») ; il aide à effectuer les démarches administratives les plus difficiles, souvent il facilite la recherche de travail ; il peut apporter les premiers soins médicaux (quelques foyers se sont adjoint une infirmerie) ; il peut dégager un espace particulier réservé au culte[48]. C'est parce que l'immigré est considéré, au fond, comme un enfant qu'il est justiciable de l'action éducative du foyer. Tout immigré qui ne répond pas à cette définition se désigne par avance comme un « mauvais résidant » (donc à expulser du foyer) en attendant qu'il se désigne aussi – l'un entraînant l'autre – comme un « mauvais immigré » (à expulser de France).

Lieu de résidence, mais aussi espace de vie presque autonome en ce sens qu'il assure l'essentiel des fonctions sociales élémentaires et satisfait la plupart des besoins primaires, le foyer, à la manière d'une caserne, d'un pensionnat ou d'un asile, constitue un « univers totalitaire » au sens de Goffman. C'est ainsi qu'à la différence de celui qui s'applique, en droit ordinaire, à un ensemble de locataires ou de copropriétaires par exemple, le règlement intérieur vise non pas seulement à assurer le bon usage collectif des lieux – « en bon père de famille » –, mais à instaurer une discipline. C'est au nom de cette discipline intérieure que l'autorité qui gère le foyer se réserve le droit de « renvoyer » tout résidant qui enfreint le règlement : l'expulsion d'un résidant est conçue comme une sanction pour « indiscipline » et non comme l'expulsion d'un locataire. C'est ainsi que tous les foyers considèrent le fait d'héberger une tierce personne comme une « faute » grave devant être sanctionnée par le renvoi du contrevenant ; même les visites sont étroitement réglementées. Les règlements intérieurs des foyers spécifient tous les conditions dans lesquelles peut intervenir l'expulsion d'un résidant; il n'y est question que de « renvoi, exclusion, mise à la porte immédiats, sans préavis, sans délai » : « Toute infraction au présent règlement sera passible d'une mise à la porte des foyers, sans préavis, du contrevenant » (Adef*, article 20 du règlement) ; « expulsion sans préavis [en cas de] faute grave » (Adatarelli) ; « expulsion immédiate [en cas] d'activité politique [...], d'introduction de livres, images, tracts ou affiches antifrançais ou obscènes » (Amte*) ; « renvoi immédiat pour tout résidant qui se sera fait remarquer par sa mauvaise tenue » (Aftam) ; cela sans compter – règle générale de tous les foyers – les cas d'expulsion à la suite de l'hébergement « clandestin » d'une personne étrangère au foyer : « Le foyer n'étant pas un lieu public, l'accès des locaux aux personnes non munies de la carte d'occupant est soumis à l'autorisation expresse du gérant. Il est strictement interdit à toute personne non munie de la carte d'occupant de passer la nuit dans une chambre » (Sonacotra, article 6) ; « Les visites dans les chambres sont, pour des raisons de moralité, strictement interdites aux femmes. Les visites d'hommes sont admises en semaine, de 18 h 30 à 21 heures, et les jours fériés, de

* Adef : Association pour le développement des foyers du bâtiment et des métaux (gérée par les patrons du bâtiment). Amte : Association Maison du travailleur étranger [NdE].

9 heures à 21 heures, sur autorisation du surveillant du bâtiment» (Adef, article 11).

De plus, comme les employeurs, parce qu'ils ont contribué à leur financement, ont souvent tendance à considérer les foyers comme leur «propriété», réservée à leurs ouvriers (ou aux ouvriers de leur industrie), héberger clandestinement une personne de l'extérieur devient un «vol», un acte délictueux, une «injustice» commise à l'encontre des résidants et à l'encontre de tous les salariés de l'employeur ou de l'industrie en question; on parle, en pareil cas, de «recel» et de «receleurs» («la découverte d'occupants clandestins dans un appartement sera sanctionnée par le renvoi immédiat du ou des *receleurs*», Adef, article 19 du règlement intérieur). L'intérêt ne perdant jamais ses droits, quand on vint à atténuer l'extrême rigueur d'un règlement interdisant de recevoir dans les chambres, on dégagea des places supplémentaires (chambres ou lits) pour les «offrir», en cas de besoin, à titre payant (parfois à un prix supérieur au prix pratiqué pour les résidants ordinaires), aux parents et amis[49].

La fonction d'«internat» et aussi celle d'«éducation» assignées au foyer se reflètent dans un certain nombre de clauses réglementaires qu'on peut dire «morales». Ces clauses prescrivent l'*ordre*, la *propreté*, l'*hygiène*: «Les ouvriers hébergés sont astreints au respect de toutes les règles courantes d'hygiène et d'ordre nécessaires à la vie communautaire: [...] ils doivent tenir leurs chambres en ordre, ranger leurs affaires dans les emplacements réservés à cet effet » ; « Avant l'arrivée des femmes de ménage, les ordures doivent être vidées dans les poubelles d'immeuble, les tables, éviers, réchauds débarrassés de tous ustensiles et objets divers » ; « Les W-C doivent être constamment propres » (articles 7 et 8 du règlement intérieur des foyers de l'Adef) ; « Les occupants sont tenus de se conformer aux recommandations du gérant [...] concernant la propreté [...], le maintien du bon ordre » (article 4, règlement de la Sonacotra) ; « Le résidant s'engage [...] à signaler au gérant tout cas de maladie infectieuse ou contagieuse » (Association des foyers de travailleurs des Ardennes, article 5)[50]. Les règlements veillent aussi sur la bonne tenue, les mœurs, bref la moralité des résidants : « Les jeux d'argent sont rigoureusement interdits dans tous les locaux des foyers » ; « renvoi immédiat [de] tout résidant [...] qui sera réputé pour ses mauvaises mœurs » (Aftam) et, par-dessus tout, contrôlent les activités internes au foyer de peur que les résidants ne finissent par se concerter et s'organiser et ne tentent d'échapper au contrôle qu'on exerce sur eux : « Expulsion immédiate en cas d'activité politique... », comme on l'a vu dans le cas des foyers Amte ; « Toute vente d'objets, insignes, journaux, publications ou périodiques est interdite dans le centre [...] ; toute propagande à caractère politique, distribution de tracts, collecte de toute nature est interdite dans le centre » (articles 12 et 13, Adef) ; « Le résidant s'engage [...] à n'exercer dans l'établissement aucune action politique, syndicale ou confessionnelle par des réunions, apposition d'affiches, diffusion de tracts» (article 5, Aftam).

Effet direct de ce travail d'imposition d'une discipline, l'application du règlement demande une surveillance de tous les instants; en conséquence, l'administration des foyers se réserve le droit de pénétrer, en permanence, de jour comme de nuit, dans les chambres des résidants: « Pour permettre l'application des articles 4, 5 et 6 [soit respectivement l'obligation de se conformer aux recommandations du gérant concernant la propreté, le bon usage des lieux, le bon ordre, etc.; l'obligation de ne pas cuisiner dans les chambres; l'interdiction d'héberger quiconque] du présent règlement, le gérant aura la faculté de pénétrer, à tout moment, dans les chambres de l'établissement» (Sonacotra, article 8); « Les surveillants de bâtiment, les chefs de centre et le personnel de direction sont chargés, chacun en ce qui le concerne, de faire respecter le présent règlement. À cet effet, il leur est loisible de pénétrer à toute heure du jour et de la nuit dans les dortoirs et de vérifier l'identité des gens qui s'y trouvent» (Adef, article 18); le gérant fera de «fréquentes visites inopinées dans les chambres aux heures d'occupation, notamment la nuit» (Cald*); « Le résidant s'engage [...] à permettre l'accès des locaux à lui attribués pour les contrôles de la propreté, de l'application des mesures d'hygiène» (Aftam). C'est sans doute la possibilité

* Caldf: Centre d'amélioration du logement de la Drôme.

permanente donnée à l'administration du foyer de violer le « domicile » des résidants qui achève d'ôter au foyer l'apparence d'un logement.

Les clauses comminatoires que comportent tous les règlements intérieurs des foyers sont destinées, semble-t-il, à intimider les résidants, à prévenir et à réprimer les infractions, à punir plus qu'à réparer les préjudices occasionnés. Parce qu'on tient qu'il est dans la nature des résidants d'être portés à enfreindre le règlement, un climat de suspicion généralisée finit par s'instaurer. Elle porte évidemment en priorité sur ceux que l'on considère comme les plus étrangers, les plus « éloignés » des manières d'être et des manières de vivre en France, les moins préparés aux règles de la vie en collectivité : soupçonnés d'être, plus que les autres, enclins à pécher, soit par ignorance, soit par mauvaise volonté, ils se désignent d'eux-mêmes à une application plus rigoureuse des dispositions du règlement intérieur, instrument privilégié d'une action d'éducation : « On conçoit que, s'agissant de collectivités nombreuses et hétérogènes, le directeur puisse moduler *intuitu personae* l'application d'un règlement assez général[51]. » Le personnel du foyer lui-même, notamment le personnel d'administration, de gestion et d'encadrement, semble être recruté spécialement pour reconvertir dans le « travail social » les dispositions associées à une expérience de « meneurs d'hommes ». Si pendant très longtemps presque tous les foyers pour travailleurs immigrés, qu'ils fussent intégrés aux usines, gérés par des organisations sociales ou philanthropiques ou construits sur les fonds publics, ont employé de préférence d'anciens militaires – choisis en particulier parmi ceux qui avaient fait leur carrière dans les colonies –, ce n'est pas seulement pour des raisons « techniques », comme on aime à le dire, mais aussi et principalement en raison des « qualités humaines » et des compétences qu'on prête à ces hommes, à ces « chefs » comme les appellent « leurs résidants »[52].

La priorité accordée au recrutement d'anciens militaires comme directeurs de foyer est souvent justifiée par le fait que, compte tenu de leur expérience et de leurs capacités (sens du commandement, connaissance des « mœurs », de la « psychologie » des résidants, connaissance de l'arabe) et de leur âge, ils sont les seuls à accepter les salaires relativement bas qu'on leur offre (même si le logement de fonction est un avantage non négligeable), car ils bénéficient d'une retraite militaire d'autant plus précoce qu'ils ont plus servi sur des terrains d'opérations qui sont aussi des terrains de guerres coloniales ; on attend d'eux qu'ils puissent prolonger dans leur nouvel emploi, dans le « civil », ce qu'ils ont été dans le « militaire ». La reconversion à laquelle les invite leur nouvelle profession semble d'autant plus aisée que les résidants des foyers proviennent eux-mêmes des anciennes colonies : « C'est vrai, un certain nombre de directeurs de foyer, ces "gérants maudits", sont d'anciens militaires ayant longuement servi en Afrique, surtout du Nord. Ils sont restés fidèles, ceux-là, aux hommes qu'ils ont parfois commandés [...]. Ils les comprennent parfois, souvent, mieux que nous. Ils se comprennent beaucoup plus qu'on ne le pense» (Eugène Claudius-Petit, président d'honneur de la Sonacotra, dans une lettre-plaidoyer pour la défense des foyers et de leurs directeurs).

Ainsi, tout inclinait à faire des foyers, si ce n'est des casernes, au moins des maisons d'anciens combattants sur le modèle des «Maisons du soldat» *(dar-el-askri)*. À quoi s'ajoute le poids des circonstances historiques dans lesquelles fut créée notamment la Sonacotra et se développèrent les foyers : la guerre d'Algérie, qui justifia, un temps, le souci de «protéger» les résidants contre les influences subversives du nationalisme et de la révolution. L'analyse de ce cas particulier de la politique sociale appliquée aux immigrés qu'est le foyer pour travailleurs permet de saisir les contradictions de la représentation sociale et de l'usage social de l'immigré. Chargée de résoudre les problèmes qu'on dit sociaux, c'est-à-dire susceptibles d'être résolus par une action sociale appropriée, la politique sociale concernant les immigrés forme un tout : dans leur logement comme dans leur chômage ou leurs maladies ou leur retraite – circonstances où les immigrés perdent leur seule propriété intéressante, celle de travailleurs –, dans leur formation professionnelle ou dans leur éducation, comme dans tous les cas où il faudrait les traiter en hommes «complets», se révèle ce que l'on attend de ces travailleurs à l'état pur : leur force de travail, toutes leurs autres propriétés n'étant jamais qu'*impedimenta* qu'il faut traiter au moindre coût.

3

LE RETOUR, ÉLÉMENT CONSTITUTIF DE LA CONDITION DE L'IMMIGRÉ [53]

S'il fallait donner du phénomène migratoire, en son double aspect d'émigration et d'immigration ainsi qu'en sa forme nationale et internationale, une définition générique ou suffisamment large pour embrasser notamment tous les déplacements qui ont lieu depuis au moins le milieu du XIXe siècle, on ne trouverait pas meilleure expression que la métaphore suivante selon laquelle « l'ordre de la ville s'est toujours nourri de l'ordre de la campagne, et l'ordre de l'usine [ou du chantier] s'est toujours nourri de l'ordre des champs ».

LES CARACTÉRISTIQUES GÉNÉRIQUES OU LES CONSTANTES DU PHÉNOMÈNE MIGRATOIRE

Cela fut d'abord vrai dans les limites du territoire national, avec ce que l'on a appelé « l'exode des ruraux », la campagne ayant déversé la population qu'elle comptait désormais en supplément sur la ville, laquelle appelait à elle ce supplément et en était tributaire pour son propre accroissement. Et, comme si les réserves locales venaient à s'épuiser, alors que le même processus de croissance capitaliste – de déruralisation d'un côté, d'urbanisation et d'industrialisation de l'autre – se poursuivait toujours selon la même logique, l'exode rural du premier moment allait se prolonger, cette fois-ci, par une émigration et une immigration transfrontières, au-delà des limites du territoire national, mais qui restent encore, dans une large mesure, dans une relation de contiguïté.

En France, ce fut notamment, jusqu'à une date relativement récente – jusque dans la période de l'entre-deux-guerres, voire plus tard encore, après la Seconde Guerre mondiale –, le cas des immigrations qu'on a appelées précisément « de contiguïté », toutes intra-européennes, comme les immigrations tour à tour des Suisses, des Belges, des Italiens, des Espagnols, des Portugais..., et, en élargissant à peine le cercle des recrutements, l'immigration des Polonais, des Tchèques...

L'Allemagne a connu le même processus : elle a également reçu beaucoup d'immigrés d'Europe centrale d'abord (Tchèques, Polonais, Austro-Hongrois...), bien qu'elle ait elle-même donné, ou précisément parce qu'elle a donné alors beaucoup d'émigrés vers les Amériques notamment, et ensuite, plus tardivement, des immigrés turcs, grecs, portugais...

À son tour, cette autre source d'approvisionnement en main-d'œuvre, étrangère mais mitoyenne, devait inévitablement finir par se tarir. Elle s'exténua progressivement au fur et à mesure que les pays fournisseurs, qui malgré le handicap économique qu'atteste précisément l'émigration de leurs ressortissants vers des pays plus riches, qui font partie intégrante du monde développé – par opposition aux pays du tiers-monde, qui vont prendre la relève dans ce rôle de pourvoyeurs en immigrés –, tendirent à combler le retard qui les séparait des pays utilisateurs de leur main-d'œuvre immigrée dans ces pays pour se retrouver presque à parité avec eux : les derniers pays de cette nature à opérer la conversion qui allait les dispenser de l'émigration de leurs ressortissants seront les pays du sud de l'Europe (l'Italie, l'Espagne et, dans une moindre mesure, le Portugal et la Grèce). De pays traditionnels d'émigration, ils ont tendance à devenir des pays d'immigration ou, pour le moins, d'une immigration *sauvage*. Car, en cette matière, beaucoup de pays peuvent – selon la position qu'ils occupent sur l'échiquier international et dans le système mondial des rapports de force entre pays – être, en même temps et sans contradiction, des pays d'émigration de leurs propres ressortissants qui vont émigrer dans des pays plus riches et des pays d'immigration pour des ressortissants étrangers émigrant de pays plus pauvres.

En effet, dès lors que la main-d'œuvre qui se trouvait « libérée » de son état antérieur par les transformations structurelles de l'économie pour être rendue disponible à d'autres utilisations[54] pouvait trouver à s'occuper sur place, dans le cadre de l'économie nationale et dans les limites du territoire national, il n'y avait plus lieu pour elle d'émigrer (massivement) hors du pays pour aller chercher ailleurs ce qu'elle pouvait trouver au niveau local ou national. C'est d'ailleurs la signification essentielle de ce double phénomène d'émigration (à partir de pays « pauvres » en travail salarié) et d'immigration (en des pays « pauvres » en main-d'œuvre et donc relativement « riches » en emplois). À quelque niveau qu'on se place (ou que se situent les pays considérés), ce phénomène constitue sans doute l'indice le plus sûr de l'inégal développement qui sépare les pays d'immigration et les pays d'émigration ainsi que de la dissymétrie flagrante des rapports de force (des forces matérielles et, en gros, économiques ainsi que des forces symboliques, c'est-à-dire de prestige) qui opposent les deux catégories de pays, pays dominants et pays dominés. Aussi, dès lors qu'un pays réputé pays d'émigration cesse de l'être, on peut à coup sûr dire qu'il a rejoint ou qu'il tend à rejoindre le niveau de développement économique principalement des pays utilisateurs de la main-d'œuvre immigrée.

On n'insistera jamais assez sur la signification que prend, dans ce contexte généralisé de course au travail salarié principalement, ce type de transfert de main-d'œuvre d'un pays à l'autre : il s'agit d'un mode de relation qui témoigne fondamentalement du rapport de domination qui est au principe de la genèse même de ces transferts, et qui constitue aussi l'aune à laquelle se mesure cette domination.

La migration de voisinage, et d'un voisinage qui n'est pas seulement géographique[55], venant à s'épuiser à son tour, et la même logique qui avait déjà présidé aux formes antérieures d'émigration et d'immigration continuant à agir, elle suscitera et gouvernera le même processus, élargi cette fois-ci à l'échelle de « l'économie-monde », selon les termes d'Immanuel Wallerstein.

Pour revenir au point de départ et à la définition initialement proposée à travers le paradigme de la ville qui se nourrit de la campagne, le rapport entre le monde développé et le monde sous-développé semble reproduire, *mutatis mutandis*, le rapport initial, déjà ancien et peut-être universel, entre ville et campagne : le monde développé, monde de l'immigration et monde de l'urbain, se nourrirait du tiers-monde, monde de la ruralité (ou, plus exactement, de moindre industrialisation et de moindre urbanisation, même s'il est en proie à une déruralisation intense et anarchique) et monde de l'émigration au long cours, à distance et au-delà des frontières nationales et non pas seulement de l'émigration interne vers les villes locales, de l'exode rural (ou en même temps que cette émigration locale et cet exode). Le tiers-monde apparaît de la sorte comme la campagne nouvelle manière du monde développé, et pour le monde développé, qui peut y prélever, comme il l'avait fait par le passé chez lui-même – chaque pays d'abord dans ses propres campagnes et, ensuite, dans les campagnes des pays voisins –, le supplément de population dont il a besoin ; mais cela seulement quand il en a besoin, là où il en a besoin et en fonction de ses besoins.

Cela étant dit, si l'on y ajoute les effets des transformations internes aux pays du tiers-monde (ces transformations allant toutes dans le sens d'une urbanisation sauvage, difficilement contrôlable), on en vient à une autre comparaison, avec la banlieue (et non pas seulement avec la campagne) : maintenant que le processus est engagé, le tiers-monde pourrait jouer également en même temps que l'effet campagne le rôle de banlieue, banlieue nouvelle manière elle aussi, et il pourrait être à l'égard du monde développé dans le même rapport que la banlieue et la ville dans le monde développé, en ce sens que celui-ci y aurait relégué, comme il le fait dans ses propres banlieues pour ses classes sociales les plus basses, les populations en attente d'immigration sur son territoire, populations potentiellement candidates à l'émigration, maintenues là, dans ces espèces de banlieues à l'échelle mondiale, en attendant que cette virtualité se réalise et qu'il lui plaise de la réaliser.

Ainsi, au fur et à mesure qu'il s'étend dans le temps et à travers l'espace, et par-delà l'extrême diversité des situations auxquelles cette extension l'expose, le phénomène migratoire, tout au long de son histoire (qui se confond avec l'histoire même de notre système économique et l'histoire de son accomplissement), s'inscrit dans une même logique, gouvernée des débuts jusqu'au stade actuel par les mêmes déterminismes économiques, c'est-à-dire par les impératifs propres à notre économie ainsi que par les catégories de notre entendement politique – qui est indistinctement d'ailleurs un entendement social, économique, culturel, moral, politique (dans le cas d'espèce, entendement national, voire nationaliste) et mental.

Ce rappel n'a ici pour fonction que d'aider à réfléchir sur les réactions communes, qui sont comme des sortes de constantes de la condition de l'émigré et de l'immigré, et sur les réactions différentielles, sortes de variations tenant à la conjoncture (le moment et le lieu) ; réactions telles qu'on peut les saisir chez les populations concernées au premier chef, les intéressés eux-mêmes, émigrés d'un lieu (région, province, pays, État, continent, etc.), aussi bien que chez les immigrés en un autre lieu. Au nombre de ces réactions semblables et dissemblables figure la notion de retour.

LA NOTION DE RETOUR DANS LA PERSPECTIVE D'UNE ANTHROPOLOGIE TOTALE DE L'ACTE D'ÉMIGRER

L'idée de retour est intrinsèquement contenue dans la dénomination et dans l'idée même d'émigration et d'immigration. Il n'y a pas d'immigration en un lieu sans qu'il y ait eu émigration à partir d'un autre lieu ; il n'y a pas de présence quelque part qui ne soit payée d'une absence ailleurs. La dénomination même d'immigré renvoie implicitement à celle d'émigré, qui est son corollaire. Il est même des circonstances où elle est perçue comme un rappel de l'immigré à ses origines et, par là même, comme la dénonciation de sa présence en tant qu'immigré.

Au cours d'une enquête réalisée en France sur les conditions de retour, qu'on appelait la « réinsertion » des immigrés dans leur pays d'origine, pratique que les pouvoirs publics voulaient encourager au moyen de primes notamment, un chercheur-enquêteur s'était vu répondre fort judicieusement par un de ses enquêtés, vieux travailleur immigré, à qui il avait posé sur le lieu de travail la question : « Veux-tu retourner chez toi, dans ton pays ? », ceci : « Autant demander à un aveugle s'il veut la lumière ! » La question ainsi posée contenait déjà en elle la réponse qui s'imposait comme la seule logique, dans la mesure où, au fond d'elle-même, elle invitait l'enquêté à retourner chez lui, dans son pays, ce qui est au regard de tous, au regard de la *doxa* (l'opinion commune), tout à fait normal, voire naturel. Il faut être quelque peu hérétique pour douter de cette logique, et encore plus pour la contester. L'intention objective (à l'insu même de l'enquêteur et de l'enquêté) de la question consiste à signifier à l'interrogé, si jamais il l'avait oublié, qu'il n'est pas d'ici, qu'il n'a pas sa place ici, qu'il n'est pas chez lui ici, etc. C'est une question qui est en fait un rappel, et qui agit comme un rappel à l'immigré de la vérité de sa condition.

Outre qu'elle est saisissante de vérité et de lucidité, la réponse donnée ici sur le mode de la métaphore à la question du retour a en elle-même valeur de leçon : il n'est pas d'immigré qui soit tout le temps totalement dupe de sa condition initiale ; le retour est bien naturellement le désir et le rêve de tous les immigrés, c'est pour eux recouvrer la vue, la lumière qui fait défaut à l'aveugle, mais, comme lui, ils savent que c'est une opération impossible. Il ne leur reste alors qu'à se réfugier dans l'inapaisable nostalgie ou mal du pays.

À la même époque et dans la même entreprise qui avait conclu un accord avec l'organisme officiel chargé par l'État de conduire la « politique de retour des immigrés », plusieurs ouvriers étrangers nous avaient avoué qu'ils contournaient tous les matins les bureaux de ce service spécial, installés à la porte de l'usine, pour s'épargner l'épreuve particulièrement humiliante pour leur amour-propre (personnel et national) de ce qu'ils considéraient comme un rappel à leurs origines, à leur condition première, celle d'émigrés avant celle d'immigrés, un rappel de leur vérité essentielle et, au fond, une invite à partir. C'est dans la logique de l'honneur que ces choses sont perçues ! Il y a là comme un test de l'insertion sociale de l'immigré où qu'il soit. L'immigré ne cesse d'être immigré que lorsqu'il n'est plus dénommé de la sorte et, une chose en entraînant une autre, lorsqu'il ne se dénomme plus lui-même, ne se perçoit plus comme un immigré. Et l'extinction de cette dénomination éteint du même coup la question du retour inscrit dans la condition de l'immigré. Ne s'agit-il pas au fond, sous prétexte de retour, de la question plus fondamentale de la légitimité intrinsèque de la présence de celui qui est regardé et désigné comme un immigré ? Déplacé au sens propre du terme, au sens du déplacement dans l'espace, l'immigré est déplacé aussi autrement qu'en ce premier sens : la présence de l'immigré, présence incongrue, est déplacée au sens où on dit d'une parole qu'elle est déplacée.

La notion du retour serait au centre de ce que peut être ou de ce que voudrait être une anthropologie totale de l'acte d'émigrer et d'immigrer[56] : une anthropologie sociale, culturelle, politique, dans laquelle on introduit utilement le rappel de la dimension universelle du phénomène migratoire. La question du retour, qu'il y a lieu de constituer en un véritable objet d'étude car elle est plus de l'ordre du fantasme qui hante les consciences, constitue une des dimensions essentielles de cette anthropologie dans la mesure où elle implique nécessairement plusieurs modes de relations : une relation au temps, le temps d'hier et le temps à venir, la représentation de l'un et la projection de l'autre étant étroitement dépendantes de la maîtrise qu'on a du temps présent, c'est-à-dire du temps quotidien de l'immigration présente ; une relation au sol en toutes ses formes et ses valeurs (le sol natal), d'abord en sa dimension physique ou géographique, et ensuite en ses autres qualifications sociales, l'espace physique n'étant, somme toute, que la métaphore spatiale de l'espace social ; une relation au groupe, celui qu'on a quitté physiquement mais qu'on continue à porter en soi d'une manière ou d'une autre, et celui dans lequel on est entré et auquel il faut se faire, qu'il faut apprendre à connaître et à maîtriser. Toutes ces relations se tiennent entre elles, sont solidaires les unes des autres, et l'unité qu'elles forment est celle-là même qui est constitutive de ce qu'on peut appeler l'être social. Au même titre que beaucoup d'autres thèmes récurrents, tels que l'exil et la nostalgie, le thème du retour rejoint, à travers toutes les expressions qu'en donne le langage commun, la série des grands mythes qu'on propose à l'explication de l'histoire et à l'élucidation de la personne humaine qui, les ayant totalement incorporés à elle, en est comme l'incarnation.

Relation au temps, avons-nous dit, le retour, tel qu'il est porté dans l'imaginaire immigré (et par l'imaginaire de l'immigré), est pour l'immigré lui-même, mais aussi pour son groupe[57], un retour sur soi, un retour sur le temps antérieur à l'émigration, une rétrospective, donc une affaire de mémoire qui n'est pas seulement une affaire de nostalgie au sens premier du terme, l'algie du *nostos* (la douleur du retour, le mal du pays), un mal dont le remède s'appellerait le retour *(hostos),* Ithaque étant pour Ulysse le nom de ce remède[58]. En vérité, la nostalgie n'est pas le mal du retour, car c'est une fois celui-ci accompli que l'on découvre que le retour n'est pas la solution : il ne peut y avoir vraiment retour (à l'identique). Si on peut toujours revenir au point de départ (l'espace se prête bien à ces allers et retours), en revanche on ne peut revenir au temps du départ, redevenir celui qu'on était au moment du départ, ni retrouver en l'état les lieux et les hommes qu'on a quittés, tels qu'on les avait laissés.

Relation à l'espace aussi, car émigrer et immigrer c'est avant tout changer d'espace, de territoire. L'espace se conforme plus aisément que le temps à toutes les allées et venues qu'on peut y inscrire, à condition toutefois que rien ne vienne contrarier cette relative liberté de mouvement, qu'on n'y trace pas de frontières, ces produits d'un acte juridique de délimitation, produits à la fois d'un droit proprement régalien et du pouvoir nomothétique de décréter l'union et la séparation[59]. Que l'entreprise se passe sans trop de difficultés ou qu'elle se heurte à des obstacles plus ou moins grands, changer d'espace, se déplacer dans l'espace – qui est toujours un espace qualifié –, c'est découvrir et apprendre par la même occasion que l'espace est par définition un *espace nostalgique,* un *lieu* ouvert à toutes les nostalgies, c'est-à-dire chargé d'affectivité. L'espace n'est donc pas cet espace abstrait, continu et homogène des mathématiciens, cet ensemble de lieux indifférents et interchangeables entre lesquels on peut aller et venir en esprit, en toute liberté, comme le postule la géométrie. S'il y a une nostalgie agrippée à l'espace, et si l'espace est au fond de lui-même un lieu de nostalgie, comme on en fait l'expérience à la faveur de tous les déplacements, c'est parce qu'il s'agit d'un espace vivant, d'un espace concret, qualitativement et émotionnellement, voire passionnément distingué[60]. « La géométrie n'a rien à voir avec la nostalgie », dira Vladimir Jankélévitch[61].

En dehors du retour auquel elle fait semblant d'appeler, croyant porter en elle-même et par ce retour le remède qu'elle désigne, la nostalgie du lieu a un grand pouvoir de transfiguration de tout ce qu'elle touche et, comme l'amour, des effets d'enchantement bien sûr, mais, plus remarquablement que cela, des effets de sacralisation et de sanctification : le pays, le sol natal, la maison des ancêtres et, plus simplement, la maison natale, chacun de ces lieux privilégiés de la nostalgie (et par la nostalgie) et, en chacun de ces lieux, chacun de ces points particuliers qui sont l'objet d'un intense investissement de la part de la mémoire nostalgique, deviennent des endroits sacralisés, des lieux bénis, des terres saintes ; on y va en pèlerinage, se conformant de la sorte à l'intention de tout pèlerinage, qui est le retour aux sources, le retour profane en ces lieux de la nature et de l'histoire rendus saints par la grâce de la nostalgie.

La valorisation de la terre natale, une entreprise à laquelle on s'attelle passionnément, y investissant tout son être social, entreprise dotée d'un fort pouvoir de mobilisation car elle engage toute l'identité sociale et culturelle (individuelle, ou à l'état dispersé, et collective, ou à l'état organisé) de la personne, sera reprise, au-delà de la scène purement affective de la nostalgie et au-delà de la réaction seulement individuelle, sur un plan plus largement politique.

Dans un premier temps, à la génération notamment des romantiques et à leur manière, la patrie a été célébrée, louée, magnifiée et, après qu'on a eu à la quitter, chantée et pleurée ; ce sont les chants de l'exil. Victor Hugo, cet autre proscrit à l'île de Jersey, a su leur donner une voix dans laquelle se reconnaîtront tous les exilés de la terre : « On ne peut pas vivre sans pain, on ne peut pas vivre non plus sans patrie. » Dans un deuxième temps, après la révolution de 1848 en France, c'est avant même qu'on soit contraint de quitter sa patrie et sans même qu'on soit contraint à cela que sera cultivée l'extrême valorisation que les formes modernes de patriotisme et de nationalisme vont donner au sol de la patrie et au territoire de la nation.

Tout au long du XIXe siècle, le siècle par excellence du nationalisme, la terre natale, nationale et pas seulement locale, va prendre avec l'affirmation du principe des nationalités un sens tout à fait passionné, au point de constituer aujourd'hui encore le terme de référence par lequel se définit toute appartenance, voire l'existence même de la personne. En effet, qu'il s'agisse de l'appartenance au temps, à l'espace ou au groupe, les principaux cadres qui structurent la vie sociale et même toute existence individuelle – exister, c'est exister dans le temps, dans l'espace et au sein d'un groupe social (c'est la condition de l'existence politique) –, on a toujours affaire à une appartenance nationale, à une appartenance nationalement définie : l'appartenance de chacun à son temps est une appartenance à l'histoire nationale ;

l'appartenance à l'espace est une appartenance au territoire national ; l'appartenance au groupe est une appartenance au groupe des nationaux, ainsi qu'à la nation et à la nationalité qui leur sont communes.

Il n'y a d'existence politique possible, c'est-à-dire politiquement reconnue, que dans le cadre de la nation et de la nationalité, et encore, à condition qu'elle soit étatiquement garantie. On n'existe sur la scène internationale que comme ressortissant d'une nation et d'une nationalité. S'il y a loin, en apparence, entre d'une part la relation toute faite de mélancolie que la nostalgie établit avec le lieu dont on s'est séparé, avec le temps qui s'est échappé, avec le groupe qu'on a quitté et d'autre part la relation à la nationalité et l'appartenance à la nation, la différence entre l'une et l'autre forme de présence et de référence aux cadres qui structurent toute notre existence et toute notre vision du monde social et politique (les cadres spatio-temporels et les cadres sociaux) n'est pas aussi tranchée qu'on le pense. Elle n'est pas de nature radicale dans les deux cas de figure, comme on pourrait le croire.

La première relation ne pourrait être qu'une version amoindrie de la seconde, parce que le frisson proprement nostalgique n'a pas bénéficié ici de l'accompagnement et de toute la force de l'encadrement qu'aurait pu lui assurer la volonté politique ; de même, le patriotisme et le nationalisme, tels qu'on les a loués et embellis politiquement, semblent devoir communier aisément avec la nostalgie, à laquelle ils auraient conféré ainsi un pouvoir suprême, une aura exceptionnelle et une extension quasiment universelle. On se rendra mieux compte de la parenté qu'il y a entre ces deux registres quand on aura à analyser les formes de pensée que chacun met en œuvre, dans un cas pour penser l'immigration et, dans l'autre, pour se penser comme immigré, toutes formes de pensée communes à la nostalgie et qui, en dernière analyse, sont des formes de pensée d'État – l'État se pense lui-même en pensant l'immigration.

Relation au groupe, enfin, et aux deux groupes : celui dont on est l'émigré et celui dont on devient l'immigré. Cette relation n'est jamais claire, jamais totalement limpide de part et d'autre ; il est comme dans la nature du phénomène migratoire qu'elle soit fondamentalement ambiguë, qu'elle soit au nœud des contradictions qui habitent la conscience de tout émigré et immigré (réel ou potentiel) et, à la limite, de tout individu face à la représentation qu'il a de l'émigration et de l'immigration (les siennes éventuellement et, en tout cas, celles des autres), dans la mesure où tout individu est d'abord membre d'un groupe originel (la genèse n'est pas ici seulement biologique, elle est aussi sociale, historique, politique, culturelle, etc.) et, ensuite, membre de plusieurs autres groupes qu'on dirait seconds, mais pas nécessairement secondaires, surtout dans le cas de l'immigration, où on est inévitablement membre, d'une certaine manière, de la société d'immigration et d'autres groupes encore, dont le groupe des immigrés (de même origine ou d'origines différentes). Relation ambiguë, de mauvaise foi, empreinte de mauvaise conscience à l'égard d'abord du groupe qu'on dirait d'origine : le groupe qu'on a quitté de fait, matériellement, organiquement, corporellement, mais auquel on veut assurer (et, en même temps, s'assurer à soi-même) qu'on ne l'a pas quitté affectivement, qu'on ne l'a quitté ni par le cœur ni par l'esprit. C'est tout au moins ce qu'on se plaît à croire et à faire croire, ce qu'on se plaît à proclamer à propos et hors de propos, ce qu'on entend faire savoir à tout le monde.

Faire savoir d'abord aux siens, à ses proches, au groupe (local, régional et, plus encore, national) dont on s'est séparé que l'on ne s'en est pas séparé de gaieté de cœur mais par contrainte ; que la malheureuse séparation à laquelle on est de la sorte contraint n'est pas voulue, n'est pas choisie en toute liberté ni même seulement en toute connaissance de cause, qu'elle est imposée – d'où la nécessité de lui procurer un alibi, de lui trouver une raison majeure ; un alibi et une raison qui sont comme convenus d'avance entre tous les partenaires, et réalisent l'accord aussi bien de l'absent – l'émigré qui s'en va non sans regret (il faut qu'il y ait regret manifeste) et qui a besoin de cela pour partir la conscience en paix – que des présents –, ceux qui restent et n'ont d'autre choix que de regarder l'émigré partir pour le compter par la suite parmi les absents, pour le ranger au nombre de ceux qui sont partis ailleurs.

L'émigration se doit d'être accomplie et vécue nécessairement dans la douleur, une douleur que partageraient ceux qui partent et ceux qui restent. À ce titre, l'émigration, qu'il y a lieu de penser toujours comme provisoire, si longue soit-elle et si durable s'annonce-t-elle[62], ne doit pas être taxée de renoncement au groupe, encore moins de renonciation, ce qui ressemblerait trop au reniement. Renoncement, renonciation, reniement seraient en ces cas renoncement, renonciation à soi et reniement de soi, car on ne manquerait pas alors de découvrir qu'une personne, en tant qu'être social, n'a d'existence que par le groupe (et, idéalement, dans le groupe de ses pairs) et pour le groupe. Et c'est sans doute cette vérité que des circonstances comme l'émigration, comme l'exil, toutes circonstances où s'accomplit et s'éprouve concrètement la rupture d'avec le groupe, viennent rappeler à chacun, surtout en ces temps qui consacrent sur tous les plans (en économie, en politique, dans les relations sociales, même les plus familières, les plus familiales et les plus intimes, etc.) le triomphe de l'individualisme (sur le holisme, sur le primat du groupe), triomphe que l'immigration – qui en est, pour partie, une des conséquences – se doit d'enregistrer bien sûr, mais triomphe auquel elle apporte sa contribution, nullement négligeable, dans la mesure où, en favorisant la tendance à l'individuation que l'émigration portait déjà en elle, elle en est devenue une véritable école. On ne quitte le groupe, se dit-on, que pour mieux le retrouver, et si possible en l'état, « tel qu'en lui-même l'éternité l'a figé », l'a fixé une fois pour toutes ; le retrouver comme si de rien n'était, comme si rien ne l'avait changé durant l'absence[63] – c'est l'illusion dont s'entretient la nostalgie, qui a pour contraire la déception –, et surtout comme si être parti si longtemps n'avait en rien changé l'émigré qui revient, au fond, non pas pour retrouver, ainsi qu'il s'imagine, les choses telles qu'il les avait laissées, mais pour se retrouver lui-même tel qu'il était (ou croyait être) quand il est parti : c'est de cette autre illusion que participe souvent la déception qu'engendre le retour (ou une certaine forme de retour), réaction inverse mais tout à fait complémentaire de la conscience nostalgique.

Bref, on ne quitte pas un pays impunément, car le temps agit sur tous les partenaires ; on ne se soustrait pas impunément au groupe et à son action quotidiennement présente, à sa pression si ordinaire qu'elle n'est même plus ressentie comme telle, étant devenue quelque chose de tout à fait naturel et comme allant de soi, à ses mécanismes d'insertion sociale, mécanismes qui sont tout à la fois prescriptifs et normatifs et, en fin de compte, largement performatifs, en ce sens qu'ils visent à composer la définition légitime de l'ordre social, tenu pour être le seul qui soit. Le changement qui résulte de la rupture que constitue l'émigration et de l'absence qui s'ensuit ne consiste pas seulement dans le vieillissement physique des uns et des autres, qui serait comme la marque du temps qui passe ; il est aussi et principalement d'ordre social, par suite de la défection qui l'a provoqué et dont il porte toujours l'empreinte. Il y aurait de ce point de vue une nostalgie typiquement temporelle, qui appellerait à un retour non pas à un autre lien, à un lien ancien, mais à un retour dans le temps, à un retour dans le passé, comme si le temps était réversible et pouvait être parcouru en sens inverse.

À l'instar de l'absence, la présence a ses effets propres : on ne réside pas en permanence impunément dans un autre pays, on ne vit pas à demeure et continûment au sein d'une autre société, d'une autre économie, dans un autre monde en somme, sans qu'il en reste quelque chose, sans qu'on en subisse plus ou moins intensément et plus ou moins profondément, selon les modalités du contact, selon les domaines, selon les expériences et les sensibilités individuelles, parfois sans même s'en rendre compte et d'autres fois en en ayant pleinement conscience, les effets.

L'immigration ne va pas sans marquer parfois de manière indélébile, même si on ne se l'avoue pas à soi-même, soit parce qu'on tient à l'illusion de l'intégrité formelle et de la fidélité à soi, soit qu'on n'en est même pas conscient. Et, sans doute, ne pas se rendre compte qu'on a changé au contact des autres chez qui on se trouve et au milieu desquels on vit serait plutôt le signe et le gage de l'efficacité, de la solidité et de la perpétuation des changements sociaux et culturels intervenus de la sorte, et témoignerait de leur irrévocable appropriation, de ce qu'ils sont profondément intériorisés et totalement incorporés au sens littéral du terme (« ils sont faits corps »). La conjonction des effets de l'absence d'un lieu, celui de ses origines (ou, en d'autres termes, les effets de l'émigration) et de la présence en un autre lieu, celui de son immigration, arrive par exemple à produire le résultat illustré par ce cas de figure qui est plus qu'une anecdote : un immigré algérien en France, âgé alors de plus de cinquante ans, approchant de la retraite, marié en France, père de famille, était resté pratiquement sans retourner dans son pays (depuis 1943, date de son arrivée en France, jusqu'à sa mise à la retraite, en 1989, il n'effectua pas plus de deux voyages dans son village pour revoir les siens). Quand il était pris du mal du pays, il allait le samedi matin faire un tour au consulat d'Algérie à Paris pour respirer l'atmosphère, et il en revenait guéri pour longtemps de sa nostalgie : en effet, sa longue présence continue en France et sa familiarité avec les services administratifs français l'avaient doté d'un regard et d'un jugement critiques, peu portés à l'appréciation sans réserve de l'organisation des services consulaires, où il y avait toujours foule, cohue, désordre, tensions, nombreux prétextes à disputes et à drames, ce qui ne va pas sans accroître la mauvaise humeur des agents consulaires. De même qu'il n'y a pas de présence en un lieu qui ne se paie d'absence, il n'y a pas d'insertion ou d'intégration en ce lieu de présence qui ne se paie d'une dés-insertion ou dés-intégration par rapport à cet autre lieu, qui n'est plus que le lieu de l'absence et le lieu de référence pour l'absent.

LE RETOUR DE L'ABSENT, UNE ENTREPRISE DE TOUTE L'ABSENCE

Là encore, le retour d'Ulysse[64] peut être pris pour modèle du retour (le *nostos*) des émigrés. Mais à condition que, à l'instar d'Ulysse, ils désirent retourner simplement à leur point de départ et travaillent tout le temps à cela ; à condition aussi que, comme Ulysse, ils sachent ce qu'ils veulent et œuvrent en conséquence afin de réaliser ce qu'ils veulent ; à condition que, de la même manière qu'Ulysse et ainsi qu'il l'avait fait lui-même durant son périple méditerranéen, ils vivent, pensent, agissent eux aussi continûment dans le sens du retour, ce qui veut dire alors qu'ils ne sont partis que pour revenir, le retour étant contenu dans l'acte même d'émigrer et, au moins en intention et, si possible, en comportements effectifs[65], il préexistait au départ ; à condition encore qu'ils cheminent sans cesse et toujours un peu plus dans cette même direction et que, contre vents et marées et sans se laisser distraire, sans dévier de cap malgré les nombreuses embûches dont est semé le trajet, malgré les multiples tentations, les séductions, les corruptions possibles, toutes épreuves dont Ulysse a triomphé, ils naviguent vers la même destination, vers la même île, le même port, la même ville, Ithaque, que chaque émigré ou chaque exilé porte en lui.

Comme s'il était déjà inscrit dans le départ et comme s'il était programmé tout au long de l'absence qui s'emploie à le réaliser, ce retour efface l'absence, à laquelle il met fin bien sûr, tire dessus sans remords ni regret un trait négateur et vengeur, et, au fond, procède et fait, ou s'efforce de faire, dans le meilleur des cas, comme si cette absence ne s'était jamais accomplie, n'était jamais advenue, comme si elle était nulle et non avenue – c'est d'ailleurs à cette condition qu'Ulysse peut trouver le bonheur[66] et combler les vœux qu'il a formés tout au long de son odyssée; le contraire eût été la déception, et que Pénélope cesse la sourde et inquiète attente qui l'habite –, mais plus que cela, il la répare en réparant l'espèce d'injustice sociale qui était à sa genèse. C'est en triomphateur et l'épée haute qu'Ulysse rentra à Ithaque.

Aussi ne peut-on que comprendre le rêve chimérique de tous les émigrés de retourner riches chez eux, même si l'absence de cette richesse ne saurait être un motif réel ou une raison qui s'opposerait au retour, ce retour pouvant même être contrarié et rendu impossible par cette richesse si jamais elle advenait: elle serait cette nymphe Calypso, cette magicienne Circé, la gracieuse et joueuse Nausicaa et ces autres sirènes auxquelles Ulysse a su résister par la seule perspective de retrouver la fidèle Pénélope. Mais le commun des émigrés saura-t-il, à l'instar d'Ulysse, résister au pouvoir de la richesse inespérée qui lui serait advenue? Assurément non! Revenir au pays riche effectivement ou seulement en apparence, car ici l'apparence compte peut-être plus que la réalité, c'est d'une certaine façon vouloir prendre sa revanche sociale, mais c'est aussi donner à ses propres yeux et aux yeux de tous du sens à son émigration, à son absence, pour qu'elles ne soient pas, l'une et l'autre, pure vanité, faillite totale, acte gratuit et pourtant absurde, acte dénué de toute signification, car il n'a de sens et de raison que par ce qui lui vient de la reconnaissance que lui témoigne le groupe.

L'ABSENCE EST UNE FAUTE

On comprend aussi que, dans leur frénésie à gommer leur émigration, à faire oublier cette absence objectivement coupable[67] qu'ils croient au fond d'eux-mêmes devoir réparer, à racheter la faute et à se racheter de cette double faute qu'est l'émigration[68], les émigrés de retour chez eux, et parfois avant même ce retour, éprouvent le besoin d'étancher leur faim et leur soif du pays en essayant – directement ou par procuration – d'y occuper la place la plus grande, d'y être présents intensément, en tous lieux, en tous moments, en toutes circonstances (au besoin, en recourant à la médiation d'un vicariat), comme s'ils avaient à cœur de rattraper les années d'émigration, de combler le vide laissé par ces années vécues ailleurs, dans un ailleurs plutôt que dans leur ici, vécues au-dehors plutôt qu'au-dedans, au loin plutôt qu'à côté et ensemble… ; années qui, sous le rapport de la coprésence au groupe, ne peuvent pas ne pas apparaître comme des années vides, des années perdues, des années vaines ou des années de fatuité.

Souvent la maison que l'on construit au pays d'origine n'a de fonction que celle-là : rappeler la présence disparue et nier cette disparition. Mais, à vouloir la corriger, l'atténuer, la masquer, la dénier, l'exorciser, ne fait-on pas que la pointer, la montrer du doigt, la redoubler ? « Je n'ai pas vendu ma part dans le village », entend-on souvent dire. Au lieu d'une maison laissée vide, n'en construit-on pas une autre, à laquelle on assigne la mission symbolique de témoigner qu'en dépit de l'émigration on est toujours là mais qu'on condamne, elle aussi, à rester vide ? Deux fautes dont on attendait que l'une compense l'autre, mais qui, ici, se cumulent souvent. Émigrer, c'est dans le tréfonds de chaque individu comme une manière de déserter et, à la limite, comme une forme de trahison ; il plane toujours sur l'émigration cet air de soupçon, une atmosphère de suspicion rentrée, refoulée, qu'on s'interdit, sauf exception, de manifester ou de proclamer à haute voix. L'émigré n'est-il donc pas celui qui est passé de l'autre côté ? Et, quand même ce serait pour la bonne cause, n'est-il pas celui qui a rallié le camp opposé, quel que soit ce camp, celui des riches, des puissants, des dominants et, en dernière analyse, le camp des adversaires ?

C'est là sans doute la raison secrète de toutes les protestations (plus ou moins de bonne foi) dont s'entoure le discours sur l'émigration, celui des émigrés eux-mêmes bien sûr et celui de leurs compatriotes ou contribules : un discours qui est tout en louanges, un discours de célébration des mérites de l'émigration ou, selon un autre mode mais ce qui revient au même, un discours de commisération qui insiste peut-être un peu trop sur les peines, les souffrances[69] qu'endurent les émigrés, qui ont à vivre chez les autres et à servir les autres, et qu'on présente alors comme des forçats du travail, et du travail le plus déprécié, le plus méprisé, disqualifié et disqualifiant ; qu'on présente aussi comme des héros de dévouement, comme des volontaires d'un autre combat, des combattants de l'ombre... Ils travaillent bien sûr pour eux, mais aussi – et plus que tous leurs autres concitoyens –, pour la société ou la communauté d'origine pour lesquelles ils ont accepté le sacrifice de l'émigration.

On loue leur courage, leur sacrifice, leur générosité, surtout quand après cela ils sont de retour, ce qui fait d'eux des champions de la fidélité car ils ont de la sorte prouvé leur attachement à leur terre, à leur groupe, à leur patrie, faisant alors presque figure de saints. Mais au fond, ce discours, si sincère soit-il, et si l'on oublie également à qui et à quoi il est destiné, ne cache-t-il pas quelque chose d'autre ? De l'envie, de la jalousie, voire de la haine et, en tout cas, l'intention d'intenter un procès à ces transfuges qui peuvent s'avérer être de sérieux concurrents sur tous les plans, non seulement économique et social, mais aussi dans tout le système des rapports de force matériels et symboliques.

C'est dans tous les domaines que l'ascension sociale de ces mutants d'un nouveau genre est douteuse, qu'elle est tenue en suspicion, qu'elle manquerait de légitimité parce qu'elle a été acquise, pourrait-on lui reprocher, ailleurs et hors des voies orthodoxes. La concurrence n'est pas seulement d'ordre économique, car, indissociablement liée à l'ordre culturel, celle-ci se retraduit et trouve sa sanction dans l'ordre symbolique, sous la forme d'une concurrence dans l'ordre du prestige et de luttes dans la hiérarchie des classements sociaux. Tant l'ascension sociale (avec ses gratifications symboliques) que les innovations culturelles (avec leurs retraductions dans la sphère économique) revêtent une signification différente selon qu'elles sont endogènes et totalement indigènes ou, au contraire, exogènes et allogènes (ou susceptibles d'être taxées de la sorte), selon qu'elles sont importées de l'extérieur ou, au contraire, engendrées localement.

Dans un cas, celui de ces émigrés revenus de leur immigration et qu'on dit transfigurés par celle-ci, les nouveautés qui peuvent être mises à leur compte se prêtent facilement au risque de la stigmatisation, voire de l'anathématisation, alors que dans le cas inverse, celui de la création en apparence spontanée, totalement autonome, ne devant rien à quelque modèle étranger, les mêmes nouveautés peuvent être louées, bénéficiant alors du prestige de leurs promoteurs.

Dans ce même ordre d'idées, il peut arriver que les émigrés, une fois rentrés au pays d'origine, apparaissent comme des dénaturés porteurs de toutes les perversions possibles (notamment culturelles), parce qu'ils ont été eux-mêmes pervertis au contact de l'étranger, ainsi que des subversions qui s'ensuivent pour l'ordre social, lequel est aussi, nécessairement, un ordre moral. En cela, ils pourraient être en quelque sorte des trouble-fêtes, des empêcheurs de tourner en rond, bref, des hérétiques en puissance.

En effet, ces hommes revenus de l'immigration[70], hommes de l'entre-deux – de l'entre-deux-lieux, de l'entre-deux-temps, de l'entre-deux-sociétés, etc. –, sont aussi et surtout des hommes de l'entre-deux-manières d'être ou de l'entre-deux-cultures. Et, sans doute, le procès le plus pernicieux qui peut leur être fait, comme il peut être fait des deux côtés, tantôt à l'émigration chez les uns, tantôt à l'immigration chez les autres, est avant tout un procès d'ordre culturel : les arguments que mobilise ce procès aussi bien que les enjeux qu'il met en cause sont de nature culturelle, ils concernent essentiellement le mode de vie, les manières de penser et d'agir, les comportements, les pratiques quotidiennes, les attitudes, etc., et portent, en dernière analyse, sur tout ce qui est subsumé sous le processus d'assimilation, sur ce qui est implicitement contenu dans ce qu'on reconnaît comme similitude et dissimilitude. De part et d'autre, l'émigration et l'immigration sont suspectées de subversion et plus ou moins ouvertement accusées d'altérations culturelles. C'est par elles que s'introduisent des pratiques susceptibles de perturber l'homogénéité culturelle du groupe, de nuire à l'authenticité fondatrice du groupe. Bien sûr, le risque est plus grand du côté du plus faible, du côté de celui qui est en position de dominé dans cette confrontation, c'est-à-dire du côté de l'émigration. La menace étant plus grande, l'accusation, même si elle est tue, refoulée, n'en est que plus violente, et le procès fait aux immigrés rentrés dans leur pays d'origine d'être les porteurs de cette menace n'en est que plus facilement et plus injustement instruit.

L'émigration et l'immigration portent objectivement en elles la menace d'atteinte à l'intégrité culturelle : la première, en ce qu'elle fabrique de la dissemblance, de la dissimilitude chez les émigrés et, par voie de conséquence, en ce qu'elle ramène au terme de cette expérience migratoire des modèles qu'on dit étrangers et qui, selon les moments et selon les intérêts qu'on a adoptés à leur égard peuvent être tenus en grand prestige comme frappés d'anathème ; la seconde, en ce qu'elle fabrique ou tend à fabriquer chez les immigrés de la ressemblance, de la similitude, pour ne pas dire, idéalement, de l'assimilation, contribuant de la sorte à réduire l'altérité qu'ils constituent et qu'ils ont introduite dans la société de leur immigration. À la limite, aux deux bouts de la chaîne, c'est le même soupçon et le même procès d'altérité qui sont faits, dans un cas à l'émigration et plus précisément aux émigrés qui sont de retour et, dans l'autre cas, à l'immigration jusqu'à la réduction totale et à la dissolution intégrale de la différence qu'elle constitue.

Pour compléter l'autre versant de la relation, cette fois-ci avec la société d'immigration, dont témoigne le retour, force est de constater que ce deuxième aspect de cette même relation double est corrélatif du premier. Le retour consacre ces deux aspects qu'il porte en lui et dont il est pour une large part le produit : il illustre à la fois la relation que l'émigré entretient avec tout ce dont il est séparé du fait de son émigration (la relation avec le groupe des siens, la relation à l'espace commun à ce groupe, la relation au temps propre au groupe, etc.) et celle que l'immigré entretient simultanément et corrélativement avec la société d'immigration et avec son état d'immigré ; cette double relation n'étant, au fond, que celle que chacun des émigrés-immigrés entretient avec lui-même, cette relation-ci trouvant dans celle-là son mode réel d'expression et sa forme propre d'objectivation. Ayant à vivre chez les autres, parmi eux et avec eux, on ne peut faire autrement que de vivre, plus ou moins ouvertement et plus ou moins profondément, un peu à leur manière dans presque toutes les sphères de l'existence ; on ne peut que leur donner l'impression qu'on est tout disposé à vivre comme eux, à s'assimiler à eux et, autant que possible – ce qu'on ne dit pas souvent –, à les assimiler. Mais en même temps et sans qu'il y ait la moindre contradiction, on est soucieux de se persuader et aussi de convaincre les uns et les autres et, en ce cas, même ceux chez qui on a immigré, qu'on est malgré tout fidèle à soi, fidèle à ses origines, conforme à son identité, la mobilisation pour ce sentiment de fidélité à soi et de conformité à son identité, dans un contexte qui semble porter au contraire à des ruptures, étant bien sûr inégale selon les domaines, l'investissement qu'on dirait identitaire ne pouvant pas être le même partout, en tout lieu et en tout temps.

LE RETOUR COMME PRODUIT DE LA PENSÉE D'ÉTAT

Penser l'immigration (ou l'émigration), c'est penser l'État. C'est l'État qui se pense lui-même en pensant l'immigration (ou l'émigration) et, dans la mesure où il n'a pas conscience que, ce faisant, il se pense lui-même, il ne fait que s'énoncer en ce qu'il a d'essentiel et, du même coup, énoncer de la manière la plus évidente les règles de son fonctionnement et dévoiler les bases de son institution. Si cela est manifeste dans le cas des migrations internationales, car là tout se joue à travers cette ligne de partage – en elle-même tout à fait minime, mais dont les effets sont d'une importance capitale – qu'est la frontière entre le national et le non-national, distinction qui est au principe même de la constitution de l'État national, de l'État-nation, on ne peut dire en toute assurance qu'il ne demeure rien de ce principe dans le cas des migrations internes au même État, surtout quand cet État couvre un territoire immensément grand et n'est pas fortement centralisé.

On a dit que l'ubiquité était le rêve de tous les déplacés, de tous les transplantés, mais l'ubiquité (être présent en même temps en deux lieux différents), tout comme être et avoir été, ou encore être au présent et être au futur simultanément, n'est pas dans la condition humaine. Cependant, illusoirement, et par une illusion collectivement entretenue par tous les partenaires concernés – les émigrés-immigrés en premier lieu, leur groupe d'origine ou leur société, la société de leur immigration –, *illusio collusio*, l'immigré est ici et là-bas, il est présent et absent ou, en inversant les termes, il n'est ni ici ni là-bas, ni présent ni absent ; il est deux fois présent et deux fois absent : ici, il est présent physiquement, matériellement, de manière corporelle seulement, et absent moralement, mentalement, en esprit ; là, il est, dans les faits, physiquement, matériellement, corporellement absent, mais il est moralement, mentalement, imaginairement et spirituellement présent.

C'est l'un des nombreux paradoxes de l'immigration : absent là où on est présent et présent là où on est absent. Doublement présent – présent effectivement ici et fictivement là – et doublement absent – absent fictivement ici et effectivement là –, l'immigré aurait une double vie, qui diffère de l'opposition traditionnelle entre vie publique et vie intime et qui la dépasse : une vie présente, banale, quotidienne, une vie pesante et prenante, seconde à la fois chronologiquement et essentiellement, secondaire ; une vie absente, figurée ou imaginée, remémorée, une vie qui fut première chronologiquement et qui le reste essentiellement et affectivement, qui fut première effectivement et qui, sans doute, le redeviendra un jour. Cette vie-ci, pensée et rêvée plus qu'elle n'est vécue, est inscrite comme en surimpression sur cette vie-là, vie réelle et réellement empiriquement éprouvée. La présence à cette vie et au monde qui la porte est comme une présence distraite, une présence absente, une présence lointaine ; par contraste, l'autre vie absente, la vie qu'on consacre à l'absence, aux lieux lointains et aux temps révolus de l'absence, est comme une vie que l'évocation rêveuse rend présente, mais d'une présence fantomatique, totalement irréelle, onirique, qui se déroule parallèlement à la vie active et quotidienne. Présence et absence s'entremêlent de la sorte et mêlent leurs caractéristiques et aussi leur pouvoir : le pouvoir de s'absenter sur place et dans le moment d'une part ; inversement, le pouvoir de se rendre présent en un ailleurs et dans un autre temps d'autre part. Chimère que de vouloir se soustraire magiquement et surnaturellement à la dure réalité de l'ici-maintenant !

Cette réalité et les dépassements qu'on tente pour pouvoir la surmonter ne sont pas seulement des données de l'expérience subjective et individuelle, des épreuves endurées isolément et sublimées à travers la rêverie poétique et la mélancolie de la nostalgie. Elles sont des données essentiellement politiques, constitutives de notre être-politique et, une chose renvoyant à une autre, de tout notre monde politique, ainsi que de notre propre vision du monde politique et social : en la circonstance, cette vision serait comme une di-vision entre ce qui est national et ce qui ne l'est pas, entre une présence nationale et une présence étrangère, entre le statut de l'une et le statut de l'autre.

Notre entendement politique, celui que nous avons de notre monde socio-politique, monde qui est constitué sur une base nationale, est ainsi fait que la présence étrangère au sein de la nation ne peut se concevoir autrement qu'assujettie à des caractéristiques essentielles, au sens où elles sont des attributs constitutifs de la notion d'État et de souveraineté étatique.

Toute présence étrangère, présence non nationale dans la nation, est pensée comme nécessairement provisoire, lors même que ce provisoire pourrait être indéfini, se prolonger indéfiniment, ce qui donne de la sorte une présence étrangère durablement provisoire ou, en d'autres termes, une présence durable, mais vécue par tout le monde de manière provisoire, assortie aux yeux de tous d'un intense sentiment de provisoire. Présence provisoire par nature, cela veut dire aussi présence subordonnée à quelque raison qui lui est extérieure, à quelque raison qui lui sert d'alibi et dont elle tiendrait sa signification et sa justification : cette raison ou cet alibi est ici le travail ; le travail est la raison d'être de l'immigré, il rend compte de sa présence qui, à défaut de ce motif, confinerait à l'absurdité au regard de la raison nationale, de la raison de l'État national ; le travail contient en lui, dans notre représentation actuelle du monde, toute l'intelligence du phénomène migratoire, de l'émigration et de l'immigration, qui, sans lui, seraient incompréhensibles et intolérables à tous les points de vue, intellectuellement, éthiquement, économiquement, culturellement, et pas seulement politiquement.

Présence non naturelle, qui n'est pas par nature, car il est dans la nature même de cette présence de ne pas être naturelle, de ne pas être sur le mode du cela-va-de-soi, de ne pas être telle qu'on puisse dire d'elle: « Il est naturel que... », la présence immigrée ne saurait avoir en elle-même sa propre fin.

En cela, elle est, au mieux, une présence naturalisée mais jamais une présence naturelle[71] ; une présence qui relève d'une constante opération de « naturalisation » (au sens où on parle de la naturalisation des faits sociaux) et de justification, la présence étrangère étant une présence seulement légitimée, donc une présence toujours justiciable d'une entreprise de légitimation, mais jamais une présence intrinsèquement et fondamentalement légitime, et tout ce qu'on peut dire de cette présence, que ce soit en sa faveur ou au contraire pour la condamner et en dénoncer les effets (principalement les effets sociaux et les effets culturels), contribue d'une certaine manière à ce travail de légitimation de l'illégitime, de licitation de l'illicite.

Provisoire en droit n'ayant pas sa fin en elle-même, présence déplacée, présence extra-ordinaire, la présence immigrée est tenue, ainsi que le veut et l'exige la logique de l'État, de se conformer à la neutralité politique. Fait on ne peut plus politique, puisqu'il s'agit, en dernière analyse, d'un fait qui concerne la cité, qui concerne la population du pays, celle d'aujourd'hui en son état présent et la population nationale de demain, l'immigration est neutralisée politiquement, elle est dépouillée de sa nature politique par l'extrême technicisation dont elle est l'objet: elle n'est plus qu'un instrument, une technique au service du travail et, plus largement, au service de l'économie; elle n'est plus qu'une donnée de l'économie et n'a plus de fonction qu'économique. On sait quel est le rôle de la technicisation en ce domaine: techniciser un problème social – ce qu'on fait de l'immigration en en faisant un problème exclusivement économique –, c'est le dépolitiser, ou mieux, l'a-politiser; c'est en cela que consiste aussi la naturalisation des objets sociaux.

À regarder de près ce qui se passe en matière d'immigration, il n'est pas sûr que ce soit tout à fait pour des raisons exclusivement politiques que l'immigration, dépouillée de sa signification politique, est astreinte à la neutralité politique. Il faut que s'y ajoutent des considérations d'ordre éthique, des considérations de politesse[72] pour que la neutralité politique de l'immigration, pour que son a-politisation soient unanimement entendues et reconnues. Il est malpoli, contraire aux bons usages et à la morale sociale de se mêler des affaires intérieures propres au ménage chez qui on est reçu! Il faut que l'immigration ne soit plus ce qu'elle était ou ce qu'elle doit être idéalement pour qu'il en aille autrement; et c'est alors s'installer dans une véritable hérésie au regard de la religion de l'État ou de l'État comme religion. Dictées toutes par la raison d'État, les caractéristiques propres à la présence immigrée, présence *sui generis,* trouvent leur sanction et leur suprême consécration dans l'exclusion politique hors de la sphère politique, telle qu'elle est assignée à cette présence.

Toutes ces caractéristiques définissant la présence étrangère ne sont pas partagées aussi largement – voire unanimement – en raison seulement de quelque adhésion extérieure qui serait, on ne sait trop pourquoi, comme universelle ; le pouvoir qu'elles ont de s'imposer à tous ainsi que leur faculté d'universalisation viendraient plutôt de ce qu'elles sont les produits de nos structures mentales, qui sont aussi des structures politiques (et, en l'occurrence, des structures nationales, voire nationalistes), et que, parallèlement à cela, elles structurent à leur tour toute notre conception politique du monde, à commencer par la distinction qu'on opère entre les résidents citoyens, qui appartiennent à la nation et qui jouissent de la sorte de privilèges spécifiques, et les résidents étrangers à la nation et qui, de ce fait, sont exclus de ces privilèges, attributs exclusifs des nationaux. C'est sans doute cela qui fait que, inconsciemment et donc plus efficacement encore, tous les discours sur l'immigration et sur la condition de l'immigré s'accordent objectivement ; ils sont l'émanation des mêmes schèmes de pensée et de perception de l'Autre qui est l'étranger, ils témoignent des mêmes définitions qu'on a partout, respectivement de soi et de cet autre que soi, la définition explicite de cet Autre étant comme le négatif de la définition implicite de soi. Aux variations de vocabulaire et de style près, c'est le même discours, car il est l'expression du même mode de pensée et du même type de représentation, qui est tenu aussi bien dans la classe des politiques, dans la sphère économique (surtout chez les représentants du patronat), dans les milieux juridico-administratifs que dans l'opinion commune. Il n'y a pas grande différence sous ce rapport entre le langage des lois et des règlements administratifs relatifs à l'immigration, le langage des hommes politiques quand ils ont à se prononcer sur cet objet, le langage du champ du travail, aussi bien celui des employeurs que celui des syndicats (qui sont les premiers à devoir connaître le rôle de l'immigration), le langage du champ de l'action sociale (les immigrés étant d'une certaine manière une composante des nouveaux pauvres de la société) et, enfin, le langage du sens commun. Ils ne diffèrent pas trop parce qu'ils participent d'une même représentation et procèdent d'une même définition de l'immigré et de l'immigration.

Rapportée de la sorte aux principes les plus généraux qui président au statut de toute personne venant à résider dans un autre pays que le sien, la notion de retour ne peut être totalement indépendante de ces principes. On ne saurait la regarder comme n'ayant rien à voir avec ceux-ci. Sans doute, pour plus de cohérence et de clarté, aurait-il fallu commencer par évoquer en une sorte de toile de fond toutes les données qui caractérisent ainsi la condition civile de l'immigré ou de l'exilé avant de tenter, comme on vient de le faire, l'analyse très superficielle des motifs personnels et des dispositions individuelles qui semblent gouverner la perspective du retour. Celui-ci peut être considéré aussi dans ses réalisations passées et non pas seulement, comme on vient aussi de le faire, au regard des réactions de chacun et des sentiments qui les motivent, ou au regard des catégories qui structurent les modes de pensée et les formes de personnalité.

À propos d'antécédents historiques et non plus mythologiques, à la manière par exemple du retour d'Ulysse dans *L'Odyssée,* le premier exemple qui vient à l'esprit est celui de l'immigration européenne, durant tout le XIXe siècle, vers les Amériques et plus spécialement vers les États-Unis. Il est vrai que s'est constituée à ce propos toute une légende, toute une représentation nourrie de vues romanesques, d'anecdotes, de contes repris par la littérature et le cinéma, qui a fini par imposer l'image d'une immigration de peuplement, d'une immigration volontariste et conquérante, sereinement détachée de toute idée de retour. La réalité est autre.

Jusqu'à cette immigration-là – immigration au long cours, transocéanique, qu'on se plaît à décrire comme un transfert massif de populations entières partant à la conquête de terres vierges, donc comme un transfert définitif, organisé et conduit comme tel – n'a pas échappé totalement à la règle du retour. Cette immigration, décrite comme le fait de familles héroïques, présente en réalité, toutes proportions gardées, les mêmes caractéristiques démographiques, sociales, économiques que les immigrations intra-européennes (intra-européennes d'abord, et en provenance de pays non européens ensuite), immigration d'hommes majoritairement[73] et d'hommes jeunes[74] ; immigration d'hommes appelés à s'établir dans les métropoles de la côte atlantique des États-Unis et dans les centres industriels du Nord (et non pas dans l'ouest du pays) ; immigration d'hommes appelés à travailler plus volontiers dans les activités industrielles, les exploitations minières et les transports que dans les activités agricoles[75] ; et enfin, immigration d'hommes qui ne seront pas toujours définitivement implantés dans le pays puisque les taux de retour au pays d'origine se situaient, durant le dernier quart du XIXe siècle, autour de 30 à 40 % du total des immigrants aussi bien britanniques (apparemment les plus portés, pour des raisons historiques et sociologiques, à s'installer définitivement sur la terre de leur immigration), qu'italiens, espagnols... Entre 1908 et 1915, c'est-à-dire à une date relativement tardive, plus de 50 % des immigrants européens aux États-Unis sont revenus, dans des délais plus ou moins longs, dans leurs pays d'origine[76].

Certes, toutes les migrations ne présentent pas toutes les caractéristiques qu'on vient de relever. C'est le cas notamment des déplacements de population dus à des circonstances essentiellement politiques. En effet, il est difficilement concevable que les migrations qui constituent des fuites devant des risques politiques pouvant aller jusqu'aux menaces de mort, et pas seulement de privation de liberté, obéissent à une logique élective de même nature que celle qui préside aux migrations de travail.

Les exilés de cette sorte – dont l'exil ou l'exode est dû à des déplacements de frontières et, par suite, à des suppressions (politiquement parlant) de territoires entiers, à des suppressions de nationalités ou encore à des opérations concertées et systématiques de bannissement et d'expulsion, à des mesures de discrimination régionale, ethnique, religieuse, linguistique… et d'asservissement culturel notamment – ne peuvent pas ne pas appartenir à toutes les fractions de la même population, à tous les sexes, à toutes les classes d'âge, à toutes les catégories sociales, et, de ce fait, ne pas concerner l'ensemble de la population victime de cet état de choses. La relation tout à la fois au pays d'immigration – qui est ici le pays du refuge ou le pays d'asile politique, sans doute la seule forme d'exil vrai – et au pays natal, d'où on a été expulsé, banni et dont on est le fugitif et non pas seulement l'émigré ordinaire, se pose alors tout à fait différemment.

Et, par voie de conséquence, c'est aussi le retour ou l'éventualité du retour qui ne peuvent s'envisager de la même manière que dans le cas des autres émigrés. Le retour est ici suspendu, au moins en théorie, à un éventuel changement de contexte politique, à un retour probable au *statu quo ante* ou, pour le moins, à une modification qu'on souhaite radicale (et, bien sûr, dans le sens qu'on estime favorable) du régime politique qu'on tient pour responsable de l'expatriation. Il s'ensuit que les déplacés et les réfugiés de cette catégorie seraient tendanciellement plus favorablement disposés, en dépit des intentions politiques qui peuvent continuer à les animer, en dépit du fait qu'ils peuvent continuer à lutter politiquement pour des changements politiques dans leurs pays, à une installation définitive, donc sans esprit, et non pas seulement sans espoir, de retour dans le pays d'origine.

Cette relation différentielle au retour (permis ou interdit, voulu et qu'on a regretté qu'il ne s'accomplisse pas ou, au contraire, délibérément refusé), relation intimement associée à celle qu'on a à sa condition d'immigré et aussi, indirectement, à sa condition d'émigré et, dans certains cas, d'exilé, de banni, de proscrit, de réfugié politique, etc., rejoint structurellement l'opposition qu'on a l'habitude d'établir entre deux formes d'immigration phénoménalement (c'est-à-dire dans les apparences) différentes.

IMMIGRATION DE TRAVAIL ET IMMIGRATION DE PEUPLEMENT

Pour des raisons de commodité d'exposé plus que pour des raisons de vérité sociologique, on a pris l'habitude de distinguer de manière artificieuse entre une immigration de travail et une immigration de peuplement. On a ainsi produit un véritable artefact, c'est-à-dire un énoncé qui n'est ni vrai ni faux, et qui donc peut être en même temps vrai et faux selon l'usage qu'on en fait, mais qui est sans cesse repris et reproduit tel quel sans qu'on trouve à y redire.

Bien sûr, cette opposition est riche de sous-entendus et de présupposés idéologiques et même quelque peu racistes.

L'immigration de travail, qui n'a de raison que le travail, est une immigration d'adultes, d'hommes en majorité ; elle est pensée et définie comme essentiellement provisoire, alors même que la réalité dément cette représentation qu'on s'en fait ; elle est une immigration purement instrumentale, tolérée comme un pis-aller, mais jamais désirée ; elle est réputée inassimilable. Certains auteurs vont jusqu'à faire correspondre à cette première opposition une seconde, entre une immigration de quantité et une immigration de qualité : la première serait constituée par l'immigration de travail, la seconde serait celle qu'on voudrait prestigieuse, enrichissante pour soi, ennoblissante et non pas infamante, cultivée, tout cela lui conférant la disponibilité à se laisser assimiler et à s'assimiler elle-même. Cette immigration est, bien sûr, une immigration familiale – les gens de qualité ne sauraient se séparer de leurs conjoints et de leurs enfants.

Tout cela conduit à admettre, sans que rien n'ait été établi ni théoriquement ni empiriquement, et sans qu'on ait donné aucun fondement sérieux à cette assertion, que l'immigration de travail est une immigration qui retournera, qui repartira, et que l'immigration familiale est une immigration qui restera, qui s'implantera, qui fera souche. L'une travaillera au mieux pour la prospérité du pays ; l'autre, sans qu'elle le sache, pour la postérité du pays, surtout quand ce pays a besoin d'un renfort en natalité. Il y aurait donc des immigrations bonnes et utiles seulement pour la première fonction, le travail, et dont il n'y aurait alors rien à attendre de plus que cela – ce sont presque toujours les immigrations les plus nombreuses, les immigrations du moment, originaires principalement des pays les plus pauvres ou les plus lointains. Il y aurait des immigrations différentes de celles-là qui, outre la fonction de travail, apporteraient un plus à l'ordre social, politique, culturel et démographique.

La société d'immigration trouverait quelque réconfort à cette situation – mais à condition que cela lui convienne, qu'elle y trouve son profit – en louant la marque de confiance et de reconnaissance dont certains immigrés (les bons, pour la circonstance) font preuve en déposant en elle ce qu'ils peuvent avoir de plus cher et de plus précieux : leurs familles, leurs épouses et leurs enfants en bas âge et, par conséquent, non pas seulement leur présent immédiat, celui du labeur et du salaire, mais leur avenir. Par opposition, l'immigration dite de travail est perçue comme une immigration rétive, méfiante, sur ses gardes, une immigration qui est aussi suspecte qu'elle est elle-même soupçonneuse. C'est celle-là aussi que l'on dit parasitaire parce qu'elle ne manifeste pas un grand investissement, et surtout l'investissement affectif et symbolique qu'on en attend à l'endroit de la société d'immigration.

Immigration de travail d'un côté, immigration de peuplement de l'autre : cette opposition a été postulée pour ses commodités classificatoires plus qu'elle n'a été fondée en raison et de manière argumentée. Mais la frontière n'est jamais bien établie entre les deux. Il n'est pas d'immigration réputée aujourd'hui de peuplement, voire de colonisation, qui n'ait commencé comme une immigration de travail[77] : c'est le cas exemplaire de l'immigration algérienne en France. Elle fut fabriquée spécialement pour n'être qu'une immigration de travail, et toute sa genèse historique est entièrement déterminée par l'action coloniale : en partie, de manière indirecte, par l'action globale de la colonisation sur toutes les structures de la société colonisée (ses structures sociales, politiques, économiques et culturelles, toutes intimement liées les unes aux autres) ; en partie, de manière directe, par l'appel que la France en guerre (déjà avant la Première Guerre mondiale) lança aux travailleurs coloniaux, principalement algériens, requis durant les hostilités au titre de militaires, d'ouvriers pour le creusement des tranchées (lors de la Première Guerre mondiale) ou d'ouvriers de l'industrie de l'armement et, après la guerre, en vue des travaux de reconstruction*.

Cette immigration engendrée de manière quasi expérimentale par une véritable opération de chirurgie sociale, sans doute parce qu'elle fut l'une des premières (sinon la première) immigrations originaires de ce qu'on appelle aujourd'hui le tiers-monde ou le monde sous-développé[78], a mis plus d'un demi-siècle pour faire correspondre les deux formes d'immigration : l'immigration des travailleurs isolés

---

* Voir Annexes, p. 193.

et l'immigration familiale. Et, parce que cette immigration, relativement précoce – elle a commencé après 1880 et, de manière fort significative, dans les premières années de ce siècle –, a perduré presque sans discontinuité jusqu'à ce jour, elle a eu tout le temps nécessaire pour susciter la relève à partir des années 1950, sous la forme plus complète et qualitativement différente d'une immigration familiale, ce que les autres immigrations ouvrières du tiers-monde, parce que beaucoup plus tardives, n'ont pas eu besoin de faire ou ont fait sur une période moins longue, les deux formes d'immigration ne se succédant plus, dans le même cas ou pour le même individu, qu'à quelques années d'intervalle.

En matière de migrations, la pensée dominante, la *doxa* communément partagée, ce qu'on pourrait appeler le bon sens commun, prompt à se satisfaire de l'observation empirique et de ce qu'elle lui apporte plutôt que de la révélation de vérités cachées, est portée à privilégier le point de vue individualiste : ce sont des individus isolément qui prennent, en toute liberté et conformément à ce qu'ils croient être leur intérêt, la décision de partir ; ce sont eux qui décident, d'eux-mêmes et pour leur propre compte, pour combien de temps ils vont partir et, au terme de ce délai, s'il leur convient de rentrer, s'ils gagnent à rentrer ou, au contraire, à différer le retour et peut-être même à y renoncer totalement. Ce point de vue qu'on peut taxer de naïf quand il n'est que l'expression du sens commun révèle, quand il rallie chez certains hommes de science, le principe plus général qui est à la genèse de ce qu'ils appellent l'individualisme méthodologique, un parti pris de méthode consistant à taire ou à minimiser la part que les structures objectives, c'est-à-dire les rapports entre les forces en présence, prennent dans toutes les relations sociales.

De ce point de vue, l'accomplissement de la migration prend presque toujours l'apparence du paradoxe du tas de sable. À l'origine, on voit quelques résidus arrachés à la roche-mère, ces petits grains de pierre qui seront transportés par le vent dans la direction qui est la sienne ; mais que sur le chemin surgisse un léger obstacle ou s'interpose un petit accident de terrain qui serviront de premier incident de parcours et de premier point de rétention pour le premier grain de sable déposé, et c'est le début de la formation de la dune, qu'on ne verra que lorsqu'elle aura atteint sa taille adulte. On voit les grains de sable emportés, on les voit se déposer, mais on ne voit la roche s'éroder et la dune se former que longtemps après la désagrégation et l'accumulation. Quand une nouvelle dune s'ajoute aux autres dans l'immensité du désert, les poussières de sable qui l'ont constituée peuvent encore être emportées et transportées pour s'agglutiner à une autre dune plus loin ou pour contribuer à la formation d'une nouvelle dune, mais on ne les verra jamais retourner à la roche première de laquelle elles se sont détachées, si tant est que cette roche existe encore !

Là aussi, l'irréversibilité du temps interdit ce déplacement en sens inverse, interdit la réversibilité de ce mouvement qui n'est plus un mouvement dans l'espace, mais dans le temps. Il en va métaphoriquement de même de la migration : on voit les émigrés partir l'un après l'autre, on voit les immigrés arriver les uns derrière les autres, mais on ne réalise ce qu'est l'émigration là et ce qu'est l'immigration ici qu'après coup, que lorsque le processus est déjà passablement engagé, que lorsque la dune est déjà formée.

INSERTION ET RÉ-INSERTION : LA CONTINUITÉ D'UN MÊME RAPPORT DE FORCE

Pour une compréhension plus totale de ce phénomène, sans doute convient-il de changer de perspective : ce n'est plus alors du point de vue intimiste, du point de vue des réactions individuelles, affectives, des réactions de cœur qui prennent souvent la forme de blessures, ou alors du point de vue de l'analyse impressionniste objective ou subjective, de la mélancolie nostalgique, qu'il faut se placer désormais.

C'est la relation objective dans laquelle se trouvent l'un à l'égard de l'autre les pays que lie l'acte migratoire d'individus singuliers, la structure de cette relation – qui est au-delà des réactions des agents et d'une autre nature –, qu'il convient de prendre en considération pour saisir pleinement la signification de l'ambiguïté politique qui est associée à la notion de retour de l'immigré. La migration internationale, même si elle est assortie de conventions bilatérales – et surtout dans ce cas –, est le produit d'un rapport de force. Le nier, ou seulement l'occulter – ce qu'on fait généralement en postulant que la vérité du phénomène est contenue dans la conduite et le libre arbitre des intéressés –, est toujours à l'avantage du plus fort, du partenaire en position dominante, qui est toujours ici le partenaire qui offre chez lui des possibilités d'emploi, et jamais le partenaire qui n'a à offrir que ses travailleurs dépourvus de travail chez eux.

Dans cette optique, soumises au mode de pensée de la nation, les notions de retour de l'immigré dans sa société ou, au contraire, de fixation définitive dans la société du pays d'immigration se disent dans un autre vocabulaire, qui porte la marque d'un volontarisme politique national et nationaliste et d'un interventionnisme étatique. Le retour est alors nommé *réinsertion,* et c'est par la médiation de ce terme-alibi acceptable par tous que les États concernés peuvent, toute souveraineté étant sauve, négocier ou feindre de négocier[79] les procédures dont il convient d'assortir le retour.

L'option inverse du retour, telle que le pays d'immigration entend la conduire en toute autonomie, sur son propre territoire, pour son propre compte et aussi pour son propre bien[80], reçoit de la part de celui-ci le nom d'*insertion* et, plus explicitement, celui d'*intégration.*

Les illusions de l'aide au retour

Dès l'arrêt ou la suspension de l'immigration de travailleurs étrangers, mesure prise simultanément par tous les pays européens sensiblement à la même époque sous l'effet conjoncturel de ce qu'on a appelé alors le « premier choc pétrolier » (1973-1974) et confirmée par la suite en raison de la crise économique qui a frappé tous les pays occidentaux, la France a commencé à faire valoir et à mettre en œuvre sa politique de réinsertion, l'encouragement et l'aide au retour étant apportés par divers canaux : le versement d'une prime égale à l'époque à 10 000 francs après que la situation du candidat à l'égard de tous les organismes sociaux avait été soldée ; un stage plus ou moins long de formation qualifiante, mais à destination cette fois-ci du pays d'origine, dont l'agrément préalable est sollicité (l'objectif étant la définition des formations techniques prioritaires, ce qui, de part et d'autre, allait faire sombrer cette procédure dans l'océan des formalités administratives et des lenteurs bureaucratiques cumulées), comme si quelques mois d'apprentissage accéléré allaient aboutir à ce que des années de vie professionnelle n'ont pas réalisé et à les compenser ; une aide à la création d'entreprise, toujours dans quatre pays d'origine (pays dont on a été séparé parfois durant de nombreuses années), comme si, par la vertu ou la magie de l'immigration, de simples prolétaires allaient être visités par l'esprit d'entreprise et se convertir en entrepreneurs dans des pays mal équipés sous ce rapport et dont on ne sait si cela est à leur avantage ou accroît les difficultés. Ce sont des centaines de milliers de retours qui furent programmés en l'espace de quelques années, et tout un plan global, requérant la contribution de divers organismes sociaux (les caisses de Sécurité sociale, de retraite, d'allocations familiales, d'indemnisation du chômage, etc. ; les services sociaux du ministère du Travail, de la Formation professionnelle, l'Office national d'immigration, etc.), qui fut mis en œuvre pour obtenir ce résultat. Mais, au bout du compte, non seulement le bilan de l'opération reste nettement en deçà de la fin escomptée, mais il semble qu'il n'y ait de retours aidés ou réinsérés que ceux-là qui auraient dû avoir lieu de toute façon, ceux des immigrés portugais en tête, lesquels pouvaient revenir quelques années plus tard avec le statut de ressortissants d'un État membre de l'Union européenne.

Ainsi, une nouvelle division s'opère du point de vue de la politique d'immigration entre, d'un côté, les immigrés qu'il y a lieu d'*insérer* ou d'*intégrer*, et qui seraient les *bons* immigrés (lesquels ne demanderaient d'ailleurs que cela et souscriraient volontiers à cette entreprise on ne peut plus bénéfique pour eux, se plaît-on à proclamer), et de l'autre côté les immigrés qui, plutôt rebelles, souhaiteraient ne pas bénéficier de cet avantage, mais qu'il faudrait pour cette raison aider d'une manière ou d'une autre à retourner dans leur pays d'origine, à se réinsérer dans leur société et dans son économie, et autant que possible à un niveau supérieur, ces immigrés étant, du point de vue de la logique nationale et de ses préférences implicites, quasi naturelles, moins bien placés et moins bien appréciés que les premiers, dont on est porté à louer, par contraste, la plus grande faculté d'adaptation, la plus grande capacité d'assimilation et la meilleure assimilabilité. On va même jusqu'à faire dépendre le succès de l'entreprise d'intégration des uns de l'opération de réinsertion des autres, c'est-à-dire de leur élimination, créant de la sorte au sein de la même population et de la même condition sociale et civile (au sens du droit) deux catégories antithétiques d'intérêts.

Selon un processus tout à fait analogue – et, *grosso modo*, pour les mêmes raisons, qui appartiennent à l'ordre et à la logique de la nation et qui relèveraient alors de « l'amour-propre national » mais d'un point de vue tout à fait symétrique –, le pays d'émigration lui-même, confronté à la conjoncture de la réinsertion de ses émigrés, à laquelle on l'invite et à laquelle il ne peut se dérober, est amené lui aussi à confirmer et à conforter la distinction que le pays d'immigration vient de faire parmi ses immigrés.

Quoiqu'il en coûte, et certainement parce qu'il en coûte aussi bien globalement, à l'État – qui, outre le manque à gagner dans les ressources que lui procure l'émigration de ses sujets, voit s'alourdir ses charges démographiques –, qu'individuellement, à chacun des intéressés, les émigrés qui choisissent, qui acceptent de rentrer définitivement dans leur pays sont regardés tendanciellement et surtout se regardent eux-mêmes comme les bons émigrés, les purs, les incorruptibles, leur comportement en la circonstance valant bien à leurs yeux brevet de nationalisme et de patriotisme.

À l'inverse, les autres émigrés, ceux qui se seraient laissé séduire par la société du pays d'immigration et par leur condition d'immigrés, ne peuvent pas ne pas être tenus quelque peu pour nationalement suspects, même si, au fond de soi, on s'interdit de leur intenter ouvertement un procès sous ce rapport. Et même si on se plaît à leur trouver des circonstances atténuantes, car il y va de toute la représentation qu'on s'est constituée de l'émigration et du salut même de cette représentation et, en définitive, de l'émigration elle-même. On peut, à la rigueur, déplorer nationalement qu'ils n'aient pas eu la possibilité de choisir la solution du retour, qu'ils soient contraints de faire perdurer la solution de l'exil, mais on ne peut les blâmer explicitement de s'être volontairement détournés de leur pays. On ne saurait aller jusqu'à cette extrémité, car, outre qu'il y a toujours des relations et des intérêts très réels à sauvegarder, une condamnation franche par nationalisme du choix fait (on se refuse à croire que c'est un choix, c'est une nécessité) en faveur de la prolongation de l'immigration plutôt que du retour au pays natal[81] remettrait en cause tout l'édifice sur lequel repose le système de justification et de légitimation qu'on a donné à l'émigration, tout le système de louanges et de mérites dont on ne cesse de la gratifier, bref, toute l'idéologie qui est à son fondement. Ainsi, que cet acte entre dans le cadre d'une convention interétatique ou qu'il soit en marge de tout accord de cette espèce, le retour et l'incitation plus ou moins déguisée au retour constituent pour les deux partenaires l'occasion d'éprouver, chacun à sa manière, le plus intensément (surtout dans le cas du partenaire en position dominée, le pays d'émigration) le rapport de force qui est au principe de la relation de migration.

Moment privilégié à la faveur duquel se démasque la vérité de cette relation, le retour, dès lors qu'il est l'objet d'un discours public quasi officiel et plus encore de dispositions politiques des pouvoirs publics, agit comme une sorte de rappel de la dimension nationaliste à laquelle est confronté le phénomène migratoire de part et d'autre de la frontière (entre nations et entre nationalismes) entre laquelle il se partage. Il est perçu, notamment par le pays d'émigration, comme un défi nationaliste qui lui est lancé, celui de reprendre les siens, de reprendre ses ressortissants dont on ne veut plus ailleurs. En cette circonstance, alors que le pays d'immigration s'autorise à parler de droit au retour, comme si le retour des émigrés pouvait être contesté en droit, le pays d'émigration n'a d'autre riposte que de proclamer publiquement, c'est-à-dire à l'intention des autres, dont notamment le pays d'immigration (plus qu'à l'intention de ses émigrés eux-mêmes), qu'il est de son devoir d'accueillir ses émigrés, cette partie intégrante de lui-même que les circonstances ont contrainte à l'exil dans un pays étranger.

On a évoqué, pour l'exemple, l'instauration, par la France en tant que pays d'immigration, de l'opposition complémentaire (ou dialectique) entre insertion et ré-insertion au moment précis où elle entendait mener parallèlement deux opérations similaires afin de réduire la présence étrangère, notamment celle des travailleurs immigrés et de leurs familles : d'abord, arrêter tout accroissement et tout renouvellement de cette présence ; ensuite, procéder au rapatriement des immigrés qui sont déjà chez elle et les y contraindre. Mais, pour une compréhension plus totale de cette relation tendant à défaire ce que la relation inverse de l'émigration-immigration avait fait en son temps, il n'est pas sans intérêt d'évoquer ce que fut en guise de riposte l'attitude d'un pays d'émigration, l'Algérie.

LA RÉINSERTION COMME AFFIRMATION DE L'IDENTITÉ NATIONALE DU PAYS D'ÉMIGRATION

Sans doute faut-il signaler la place particulière qu'occupe l'Algérie, d'abord dans l'histoire de l'immigration en France depuis un siècle, l'immigration algérienne étant le prototype même de l'immigration d'origine coloniale (immigration de travailleurs coloniaux, comme on les a longtemps désignés) ; ensuite dans les effectifs globaux de la population immigrée ; et, enfin, dans l'imaginaire collectif français, ce qui n'est pas sans importance en raison principalement des relations plutôt tumultueuses ayant existé entre les deux pays pendant toute l'histoire coloniale et au-delà de cette histoire, le phénomène migratoire apparaissant aux deux pays comme un prolongement de cette histoire.

On retombe là encore sur des considérations de nationalisme et des problèmes d'amour-propre national. Une politique de reflux de la part des pays d'immigration, quand bien même elle serait, comme ce fut le cas en France, entourée de subtils euphémismes et accompagnée de séduisantes précautions ou des meilleures justifications (la formation-retour par exemple), quand bien même elle se parerait de suffisamment de fair-play pour obtenir l'accord, ne serait-ce que de pure forme, une telle politique ne saurait recevoir l'assentiment qu'elle recherche, aucun pays d'émigration ne pouvant décemment souscrire à cette politique, tout au moins publiquement et de manière manifeste ; aussi ne lui reste-t-il qu'une solution en cette circonstance : « de nécessité faire vertu ». Et de se répandre en propos flatteurs pour soi et pour ses émigrés, qui auraient alors décidé volontairement et librement de leur insertion (alors qu'on a décidé en fait pour eux), et en même temps un peu vengeurs à l'égard du pays d'immigration : en irait-il autrement ou, en d'autres termes, le retour donnerait-il l'impression d'avoir été contraint, qu'il n'aurait alors rien de glorieux en lui-même ; et, eu égard aux attentes collectives qui sont nécessairement des attentes de caractère nationaliste, empreintes d'une intention de revanche politique et historique – les attentes du politique, d'ailleurs, plus que les attentes de la société globale ou encore du groupe d'origine, de la famille, de l'intéressé lui-même –, il serait alors ressenti comme une fin honteuse.

À défaut de cette connivence qui n'a pas besoin d'être concertée pour produire les effets qu'on en attend, l'incitation au retour, surtout si elle se fait insistante, risque d'être reçue et comprise pour ce qu'elle est objectivement, c'est-à-dire une expulsion à peine déguisée et, par la suite, comme un acte d'hostilité à l'encontre du pays d'émigration.

La réinsertion que proclament, après l'avoir reprise à leur compte, certains pays d'émigration, certains plus que d'autres, n'est pas seulement un problème technique. Elle est même loin d'en être un, soit que le pays d'origine ait besoin d'une main-d'œuvre formée que lui fournirait son émigration vivant et travaillant dans les sociétés industrialisées et à économie moderne, soit que les relations politiques avec le pays d'immigration aient besoin d'être affranchies de la pression qui s'exerçait sur elles à travers la personne des émigrés. Mais, par-dessus tout, le discours sur la réinsertion, qui peut être totalement dissocié du retour lui-même, obéit à une autre logique. Ainsi, dans le cas de l'Algérie, pour reprendre l'exemple singulier de ce pays qui avait pris sur lui la décision de suspendre l'émigration en France (septembre 1973) avant même que la France ait décidé d'une mesure allant dans le même sens (juillet 1974), l'arrêt de l'émigration est une chose qui a sa propre signification dans le contexte où il fut décidé. Mais il ne suffit pas de décider de l'émigration de ce jour, il faut revenir sur l'émigration passée, sur toute l'histoire de l'émigration, qui se confond ici avec l'histoire coloniale tout entière, et qui a valeur emblématique sous ce rapport. Le discours sur la réinsertion, indépendamment de ses effets, prend la forme – surtout quand il affecte d'être véritablement autonome et non pas la reprise dissimulée du discours du pays d'immigration – d'une revanche sur l'histoire ancienne (sur la colonisation et sur l'émigration, qui en est la fille) ; il se veut comme une manière magique de nier cette histoire en en niant les effets ou en les réintégrant.

L'émigré, en tant que national à l'étranger (hors de la nation), n'a de solution légitime à sa condition d'immigré que le retour logique, nécessaire, inéluctable, au pays, même si ce retour est renvoyé à la fin de la vie active, à la veille de la mort ou seulement *post-mortem,* pour être enterré au pays. Sorte de discours ayant sa fin en lui-même, le discours sur la réinsertion des immigrés chez les uns et des émigrés chez les autres se suffit à lui seul, et cela qu'il y ait effectivement retour ou non, que ce retour soit possible ou non, que ce retour puisse être définitif ou seulement illusoire, etc. C'est l'idée même que la réinsertion puisse être soumise à des conditions matérielles de possibilité, qu'elle puisse relever des déterminismes sociologiques, qu'elle soit subordonnée à des considérations extérieures à elle et qui soient de nature quasi instrumentale, qu'elle n'aille pas de soi et ne s'impose pas naturellement (sur le mode « il est naturel que… ») et d'elle-même (comme on aime le croire et comme on aime s'en convaincre), c'est cette idée-là qui est exclue parce qu'elle est impensable, insoutenable et insupportable.

Toujours par nationalisme et comme par une sorte de surenchère en déclarations, en dispositions administratives, en actes dont la signification et la fin dernière seraient de nature plus symbolique qu'effective, le pays d'émigration, pour être conforme à ce qu'il croit être ses obligations nationales, les obligations à l'égard de ses ressortissants – d'ailleurs moins pour eux-mêmes que dans la mesure où ces obligations l'engagent sur la scène internationale –, ne peut pas ne pas prendre ou ne pas annoncer prendre un certain nombre de dispositions destinées à favoriser la réinsertion des émigrés qui le désirent : exonération des droits de douane sur les biens importés (les biens de consommation et d'équipement domestique et, plus essentiellement, les biens d'équipement industriel ou artisanal en vue de la création d'activités nouvelles), quotas réservés dans le parc du logement social, efforts en matière scolaire en vue d'une meilleure intégration des enfants des familles réinsérées, ces anciens élèves d'une école étrangère, dans le système éducatif national ou, à défaut, accord passé avec les autorités consulaires en vue de la scolarisation de ces mêmes anciens élèves de l'école française dans les établissements dépendant de ces mêmes autorités, etc.

Insertion ou réinsertion : parce que ces deux états sociaux échappent à la volonté étatique, et leur accomplissement à l'interventionnisme de la puissance publique, et aussi parce qu'ils reposent *grosso modo* sur les mêmes présupposés idéologiques, la conformité à ces présupposés primant aussi bien chez les uns que chez les autres la réalisation effective des objectifs proclamés si cette réalisation était de l'ordre des possibilités matérielles, ils conduisent dans les deux cas à une manière d'artifice. Alors même qu'ils relèveraient plus assurément de la mythologie nationale (dont ils constitueraient une excellente illustration), ils ne vont pas sans induire des effets bien réels, notamment au sein de la société d'émigration, en raison du seul discours sur la réinsertion qui est surabondamment administré à l'ensemble de l'opinion.

Indépendamment de son contenu réel et de ses effets propres – s'il est suivi d'effets –, il a pour conséquence d'installer une véritable compétition entre, d'une part, les émigrés – auxquels on reproche pour la circonstance leur absence, une absence enviée, car elle leur aurait épargné un grand nombre de privations, de sacrifices qu'ils n'ont pas eu à endurer – et, d'autre part, leurs compatriotes non émigrés, qui s'estiment, du seul fait de leur présence continue dans le pays, prioritaires dans la course aux biens sociaux les plus recherchés, à la fois les plus indispensables et les plus précieux : le travail, le logement, la santé et l'accès aux soins, l'école. Masquée, enfouie dans les profondeurs de l'inconscient social, refoulée du champ du visible, la compétition qui se cachait souterrainement va désormais saisir l'occasion pour se porter au grand jour, pour se manifester publiquement et pour s'avouer aux yeux de tous.

Le discours sur la réinsertion des émigrés, tant qu'il n'était qu'en intention, tant qu'il épousait la forme d'un discours d'autocélébration sans conséquences pratiques, ne comportait que des avantages d'ordre surtout symbolique. Mais, dès lors qu'il pouvait être suivi, qu'il pouvait s'annoncer comme une réalité effective, on a eu tendance à n'en retenir que la compétition qu'il établit. Ce discours est devenu prétexte à l'émergence et à la quasi-institutionnalisation du conflit entre la population émigrée, « à qui tout serait donné pour la prier de revenir au pays », et la population permanente du pays, qui s'estime injustement concurrencée et sacrifiée au profit d'une fraction qui n'a eu qu'à cumuler, pour la circonstance, les avantages des deux positions : la position d'émigré en France et celle de réinséré (ou de réinsérable) au pays d'origine.

En conclusion, outre les quelques implications que nous avons essayé de dévoiler maladroitement et partiellement parmi celles, multiples, qui sont contenues dans le double fait de l'émigration et de l'immigration – qu'il faudra alors définir comme étant respectivement « la présence de nationaux hors de la nation » (et donc, leur absence de la nation) et « la présence au sein de la nation de non-nationaux » – et qui sont constitutives précisément de ce double fait d'absence et de présence, on peut dire que tant qu'il y a lieu de parler d'immigration, tant qu'on parle d'immigrés, on parle aussi, du même coup et inévitablement, d'émigration et d'émigrés. Il y a une logique de la dénomination et des effets de la dénomination. Un des effets latents de cette logique est que, à la condition sociale d'immigré en un lieu (et, corrélativement, d'émigré hors d'un autre lieu) et à la condition civile (au sens juridique du terme « étranger »), est toujours associée implicitement et, quand les circonstances s'y prêtent, de manière explicite, l'idée de retour. Un retour qui n'est, somme toute, que le retour à la norme, à la normalité, à l'orthodoxie, le reste, c'est-à-dire le contraire (ici, l'émigration et l'immigration), n'étant qu'anomie, hétérodoxie, voire hérésie.

ANNEXES

1 – LE CONTRÔLE DE L'IMMIGRATION ALGÉRIENNE EN FRANCE

Une citoyenneté de relégation

Sous l'administration coloniale, les résidents d'Algérie avaient la nationalité française mais, selon leur statut, n'exerçaient qu'une partie des droits du citoyen français. Les indigènes musulmans étaient soumis au « statut civil de droit local » et dépendaient, conformément à la loi du 4 février 1919, d'un collège électoral musulman, séparé du collège des « Français de métropole » résidant en Algérie. Après la Seconde Guerre mondiale, ce régime d'une citoyenneté à deux vitesses est maintenu en Algérie, mais en métropole plus rien ne distingue en principe les « Français musulmans » des autres citoyens français : ils peuvent s'inscrire sur les mêmes listes électorales, même s'ils sont peu nombreux en pratique à exercer ce droit.

Les règles de circulation entre l'Algérie et la métropole

Après avoir été supprimé pour les besoins de la reconstruction, le contrôle de l'émigration d'Algérie vers la métropole est rétabli en 1924. Il se caractérise par diverses obligations : exigence d'un contrat de travail, d'un certificat médical d'aptitude et d'une carte d'identité avec la photo de l'intéressé. Ce dispositif est renforcé en août 1926 : s'y ajoute l'exigence d'un extrait de casier judiciaire et de la possession d'un pécule pour pouvoir subsister avant d'avoir trouvé du travail ou pour régler le prix du voyage de retour.

En juillet 1936, le gouvernement de Front populaire restaure la liberté de circulation, mais la croissance des départs vers la métropole entraîne vite le rétablissement des mesures de contrôle : l'obligation de la visite médicale préalable est restaurée le 19 décembre 1936, ainsi que la caution garantissant les frais du rapatriement, le 4 janvier 1937.

Après le déclenchement de la guerre, l'émigration vers la métropole est étroitement contrôlée par le ministère du Travail, qui a compétence pour fixer des contingents de main-d'œuvre à diriger vers la France. Mais, dès la fin de l'année 1943, de Gaulle promet aux « Français musulmans » les mêmes droits qu'aux citoyens français sans renoncement au statut personnel. Cette réforme, accomplie par l'ordonnance du 7 mars 1944, pose le principe que les « Français musulmans d'Algérie » jouissent de tous les droits et sont soumis à tous les devoirs des Français non musulmans. Dès lors, aucun obstacle juridique ne peut être opposé à la libre circulation entre la métropole et l'Algérie.

Après l'indépendance, un régime dérogatoire

Les accords d'Évian, signés en mars 1962, instaurent un principe de libre circulation entre la France et l'Algérie qui place les migrants algériens dans un régime dérogatoire par rapport aux autres étrangers. Le souci des négociateurs français était de laisser aux Français restés en Algérie la possibilité de regagner librement la métropole, mais la libre circulation bénéficiera surtout aux migrants algériens. Ils sont en effet dispensés de l'obligation de la carte de séjour et de la carte de travail, et sont placés, à la différence des autres étrangers, sous la dépendance de conventions bilatérales formulées pour répondre aux intérêts des gouvernements français et algérien.

Le protocole du 10 avril 1964 constitue une première restriction au principe de libre circulation, en introduisant un contrôle quantitatif, sanitaire et professionnel : les autorités françaises imposent qu'un contingent soit fixé chaque trimestre, en fonction des besoins du marché du travail français, et le gouvernement algérien obtient que les candidats à l'émigration soient sélectionnés par l'Office national algérien de la main-d'œuvre (Onamo).

Au terme de longues négociations, les gouvernements français et algérien parviennent à un nouvel accord le 27 décembre 1968. Les autorités algériennes obtiennent un retour à la libre circulation des touristes et la maîtrise de la sélection des candidats à l'émigration. En contrepartie, l'accord prévoit que l'administration française puisse contrôler l'installation des Algériens en France et les astreindre à la possession d'un document de séjour. Les deux pays s'engagent à fixer conjointement, tous les trois ans, le contingent annuel de travailleurs algériens autorisés à venir travailler en France*. Chaque travailleur sélectionné par l'Onamo dispose de neuf mois pour trouver un emploi ; lorsqu'il en a trouvé un, il reçoit un « certificat de résidence » d'une validité de cinq ans (de dix ans pour ceux qui résident en France depuis plus de trois ans), qui vaut autorisation de séjour et de travail. À partir du 1er janvier 1969, tout ressortissant algérien dépourvu de certificat de résidence est passible d'une mesure de refoulement, et l'introduction de nouveaux travailleurs ne peut plus s'effectuer que dans

* Ce contingent est fixé à 35 000 pour les années 1969 à 1971 ; il est ensuite renégocié à l'initiative des autorités françaises, qui obtiennent du gouvernement algérien qu'il soit ramené à 25 000 pour les deux années suivantes.

le cadre du contingent annuel. Plus aucune régularisation n'est donc acceptée en leur faveur, alors que les Portugais continuent à en bénéficier largement.

En septembre 1973, soit à peine un an avant la décision du gouvernement français de suspendre l'immigration, le gouvernement algérien se saisit de la montée du racisme et des mesures vexatoires à l'encontre de ses ressortissants pour mettre fin à l'émigration de travailleurs algériens vers la France. Les migrants algériens continuent néanmoins d'arriver en France, mais désormais en marge de la réglementation.

Alexis Spire

2 – REPÈRES CHRONOLOGIQUES

Le cadre juridique sur lequel repose la politique française d'immigration depuis 1945 est resté inchangé pendant trois décennies, alors que des millions d'étrangers ont afflué sur le territoire durant cette période. À partir du milieu des années 1970 et avec l'aggravation de la crise économique, l'immigration est devenue progressivement un enjeu politique de premier plan. De 1980 à 2003, la législation sur l'immigration est modifiée à plus de dix reprises et, dans le même temps, la question des « banlieues sensibles » et des « jeunes issus de l'immigration » se superpose à celle, plus ancienne, de la maîtrise des flux migratoires.

19 octobre 1945: Création du Code de la nationalité française.

2 novembre 1945: Ordonnance relative à l'entrée et au séjour des étrangers en France, prévoyant la création de l'Office national d'immigration (Oni).

Année 1956: Création de la Sonacotral, Société nationale de construction de logements pour les travailleurs algériens.

17 mai 1958: Ordonnance portant création du Fonds d'action sociale (Fas) pour les travailleurs musulmans (algériens).

19 mars 1962: Les accords d'Évian réglementent les droits des Algériens en tant qu'étrangers.

10 avril 1964: L'accord Nekkache-Granval introduit un contrôle sanitaire préalable effectué par des médecins français et stipule qu'un contingent soit fixé chaque trimestre, en fonction des besoins du marché de l'emploi en France.

Année 1965: Des conventions de main-d'œuvre sont signées avec la Yougoslavie et la Turquie. Des conventions de circulation sont signées avec le Sénégal puis étendues à l'ensemble des pays d'Afrique noire francophone.

Octobre 1968 : Le principe de la libre circulation des ressortissants des États membres de la Communauté européenne est mis en application.
28 décembre 1968 : Accord franco-algérien pour le contrôle des migrations et la stabilisation de la main-d'œuvre : la libre circulation est restreinte ; l'accord prévoit à la fois une aide à la formation professionnelle et le retrait du droit au séjour accordé au Algériens qui sont restés oisifs de leur propre chef pendant un délai de six mois.
24 janvier 1972 : Circulaires Marcellin-Fontanet ; l'autorisation de séjour en France sera subordonnée à l'exercice d'un travail.
9 janvier 1973 : Refonte presque complète, dans la forme, du Code de la nationalité afin de l'harmoniser avec les grandes réformes de droit civil réalisées au cours des dix années précédentes.
13 juin 1973 : À la suite de grèves de la faim, circulaire de régularisation exceptionnelle (« opération Gorse ») pour les travailleurs entrés en France avant le 1er juin 1973 et pouvant présenter une promesse d'embauche.
3 juillet 1974 : Adoption en Conseil des ministres d'une circulaire suspendant l'immigration des travailleurs et des membres de leur famille.
21 novembre 1975 : Décret introduisant la possibilité pour l'administration de prendre en considération, en vue de la délivrance ou du renouvellement d'une autorisation de travail, « la situation de l'emploi présente et à venir dans la profession demandée et dans la région ».
29 avril 1976 : Décret instituant le droit à l'immigration familiale (il sera suspendu par le décret du 10 novembre 1977 qui sera lui-même annulé par l'arrêt du conseil d'État du 6 décembre 1978).
26 avril 1977 : « Aide au retour volontaire » en direction des chômeurs étrangers d'abord, puis à partir de septembre en faveur des salariés étrangers occupés depuis cinq ans ou plus.
Septembre 1978 : Entretiens à Paris et à Alger pour un retour planifié des immigrés algériens.

10 janvier 1980 : La loi Bonnet apporte des modifications importantes à l'ordonnance de 1945 sur les conditions d'entrée sur le territoire : l'étranger qui ne vient en France ni pour travailler, ni dans le cadre du regroupement familial doit désormais fournir des garanties de rapatriement ; l'étranger refoulé à la frontière qui n'est pas en mesure de quitter immédiatement le territoire français peut être maintenu dans des locaux ne relevant pas de l'administration pénitentiaire pendant le temps nécessaire à son départ.
29 octobre 1981 : La loi adoptée par le nouveau gouvernement socialiste prend le contre-pied de la loi Bonnet. Les étrangers en situation irrégulière ne peuvent plus être expulsés par voie administrative et doivent être déférés devant le tribunal correctionnel. Les étrangers mineurs ou ayant des attaches personnelles en France ne peuvent plus être reconduits à la frontière.
1981-1982 : Opération de régularisation exceptionnelle d'environ 120 000 travailleurs permanents.
27 mai 1982 : Décret instituant l'obligation pour les étrangers venant rendre visite à leur famille de produire un certificat visé par le maire après contrôle des conditions d'accueil.
17 juillet 1984 : La loi modifie de fond en comble le régime des titres de séjour. Il n'y a plus désormais que deux catégories de titres : la carte de séjour temporaire, valable un an au maximum, et la carte de résident, valable dix ans et renouvelée automatiquement.
Septembre 1986 : Adoption de la première loi Pasqua durcissant l'entrée et le séjour des étrangers ; la partie concernant la nationalité sera retirée en 1987, après la mort de Malik Oussékine, tué par des « policiers voltigeurs » en marge d'une manifestation d'étudiants.
Octobre 1989 : Trois collégiennes de Creil (Oise) se voient interdire le port du foulard.
Décembre 1989 : Création du Haut Conseil à l'intégration et d'une « politique d'intégration ».
4 juin 1991 : Adoption par l'Assemblée nationale des accords de

Schengen, restreignant l'immigration et le droit d'asile à l'échelle transnationale européenne.

22 juillet 1993 : La loi Méhaignerie institue la manifestation de volonté (entre 16 et 18 ans) comme condition d'accès à la nationalité française pour les enfants nés en France de parents étrangers et retire le bénéfice du double *jus soli* aux enfants nés en France de parents nés dans les ancienne colonies.

24 août 1993 : La loi Pasqua durcit les conditions d'entrée et de séjour des étrangers (restriction des catégories protégées contre l'éloignement, restriction du droit à vivre en famille, suppression du droit à la protection sociale pour les étrangers en situation irrégulière).

Avril 1998 : La loi Guigou restaure, de manière incomplète, le droit du sol.

11 mai 1998 : La loi Chevènement, sans abroger les lois précédentes, instaure une procédure de régularisation permanente par l'instauration de la carte « vie privée et familiale ».

20 novembre 2003 : La loi Sarkozy allonge la durée de rétention pour les étrangers en instance d'éloignement, instaure un fichier des personnes hébergeant les étrangers et impose de nouvelles conditions pour l'obtention de la carte de résident.

15 mars 2004 : Vote de la loi sur l'interdiction du port des signes religieux à l'école.

NOTES

1. Extrait de l'introduction d'Abdelmalek Sayad au recueil de textes *L'Immigration ou les paradoxes de l'altérité*, publié en 1991 aux éditions De Boeck (Bruxelles).

2. À propos des multiples déterminations qui pèsent sur la production en sciences sociales concernant l'immigration, on se reportera à notre article « Tendances et courants dans les publications en sciences sociales sur l'immigration en France depuis 1960 », *Current Sociology*, ISA, Sage Publications, volume 32, n° 3, hiver 1984, tome II, p. 219-304.

3. Voir Abdelmalek Sayad, « Une relation de domination » *in La Double Absence. Des illusions de l'émigré aux souffrances de l'immigré*, Paris, Seuil, 1999, p. 173-198.

4. Voir Abdelmalek Sayad, « Les trois âges de l'émigration algérienne en France », *in La Double Absence*, *op. cit.*, p. 53-98.

5. Voir Abdelmalek Sayad, « Une immigration exemplaire », *in La Double Absence*, *op. cit.*, p. 99-132.

6. Pour une analyse plus détaillée des ambiguïtés de la naturalisation quand celle-ci ne rencontre pas les conditions sociales, politiques et culturelles nécessaires pour se réaliser de manière accomplie, voir Abdelmalek Sayad, « La naturalisation », *in La Double Absence*, *op. cit.*, p. 319-371.

7. Certes, même si on reste sceptique quant à la validité des résultats et quant aux effets persuasifs de l'habituelle comptabilité des « coûts et avantages » comparés de l'immigration, on ne peut que laisser le soin de trancher entre des positions extrêmes qui, se déterminant (ou se com-

battant) l'une l'autre, ne doivent leur « vérité », directement ou par réaction, qu'à des présupposés idéologiques et non pas à des arguments scientifiques : voir notre article « Coûts et profits de l'immigration, les présupposés politiques d'un débat économique », *Actes de la recherche en sciences sociales,* n° 61, mars 1986, p. 79-82.
8. Voir N. Scott, *Principes d'une analyse comparative des coûts et avantages des migrations de main-d'œuvre,* OCDE, séminaire d'Athènes, oct. 1966 ; « Grandes lignes d'une méthode pour l'analyse des coûts et des avantages des migrations de main-d'œuvre », in *Bulletin de l'Institut international d'études sociales,* 2 fév. 1967, p. 55-72 ; E. J. Mirshan, « Does immigration confer economic benefits on the host country ? » in *Economic Issues in Immigration,* p. 91-122, Institute of Economic Affairs, 1970 ; Georges Photios Tapinos, *L'Économie des migrations internationales,* Presses de la FNSP, 1974 ; Anicet Le Pors, *Immigration et Développement économique et social,* Paris, La Documentation française, 1977.
9. Anicet Le Pors, *op. cit;* Fernand Icart, *Le Coût social des travailleurs étrangers en France,* note de synthèse, Assemblée nationale, 1976.
10. Comme tous les « problèmes sociaux », celui de l'immigration ne saurait être défini par quelque nature qui lui serait propre. Herbert Blumer a montré comment varie selon les époques et selon les lieux ce qui est constitué comme « problèmes sociaux » : tel « problème social » peut n'apparaître que longtemps après l'émergence du phénomène qu'il désigne et, souvent, disparaître comme tel alors que subsiste le phénomène ; ainsi, par exemple, la pauvreté, qui ne fut constituée comme grave « problème social » aux États-Unis que durant les années 1930, ou encore le racisme, qui ne sera problème social qu'à partir de 1960, et aussi, pourrait-on ajouter, « l'enfance », « l'adolescence » ou « les jeunes », « la vieillesse », « les femmes », etc. (pour ne retenir que les catégories les plus évidentes parce que les plus proches du biologique et, en apparence, les plus naturelles).
11. Voir Abdelmalek Sayad, « Tendances et courants des publications en sciences sociales sur l'immigration en France depuis 1960 », *art. cit.* (voir notamment p. 237-251) ; voir aussi « La maladie, la souffrance et le corps » *in La Double Absence, op. cit.*, p. 255-303 ; et « Coûts et profits de

l'immigration, les présupposés politiques d'un débat économique», *Actes de la recherche en sciences sociales,* n° 61, mars 1986, p. 79-82.

12. Pour tous ces problèmes de construction de l'objet en sociologie, voir Pierre Bourdieu, Jean-Claude Chamboredon, Jean-Claude Passeron, *Le Métier de sociologue,* Paris-La Haye, Mouton-Bordas, 1968, et Patrick Champagne, Remi Lenoir, Dominique Merllié, Louis Pinto, *Initiation à la pratique sociologique,* Paris, Dunod, 1989.

13. Émile Durkheim, «Les représentations individuelles et les représentations collectives» (1924), in *Sociologie et Philosophie,* Paris, PUF, 1973.

14. Extorquer l'essentiel sous l'apparence de n'exiger que l'accessoire ou l'insignifiant, imposer le respect des formes pour obtenir toutes les formes de respect constitutives de la soumission à l'ordre établi, les concessions de la *politesse* n'ont de prix que parce qu'elles sont grosses de concessions politiques; pour tous les rapports entre «politique» et «politesse», voir Pierre Bourdieu, *Esquisse d'une théorie de la pratique,* Paris, Librairie Droz, 1972, p. 189-199.

15. Pour une analyse plus rigoureuse du principe de division constitutif de l'ordre social ou encore du principe de constitution des groupes institués (*i.e.* opposés aux groupes pratiques) sur la base de «propriétés communes [...], de traits ou d'expériences qui semblaient incomparables aussi longtemps que faisait défaut le principe de pertinence propre à les constituer en indices de l'appartenance à une même classe», voir Pierre Bourdieu, «Décrire et prescrire, note sur les conditions de possibilité et les limites de l'efficacité politique», *Actes de la recherche en sciences sociales,* n° 38, mai 1981, p. 69-71.

16. La discrimination de droit (entre national et non-national) appelle à son renfort les discriminations de fait (c'est-à-dire les inégalités sociales, économiques, culturelles) et, en retour, celles-ci trouvent une justification et se donnent une légitimité dans la discrimination de droit: cette logique circulaire par laquelle les situations de droit et de fait se soutiennent mutuellement est au principe de toutes les ségrégations (esclavage, apartheid, colonisation, immigration, etc.) et de toutes les dominations (l'esclave, le Noir, le colonisé, l'immigré, la femme...)

génératrices de racisme, l'égalité de droit étant refusée sous prétexte des inégalités de fait et l'égalité de fait étant à son tour impossible en raison de l'inégalité de droit.

17. La division actuelle du travail, même (ou surtout) manuel, entre la main-d'œuvre nationale et la main-d'œuvre immigrée, en entraînant l'autonomisation du marché des emplois tenus par les immigrés (et, corrélativement, l'impossibilité ou, pour le moins, l'extrême difficulté qu'il y a, même en période de chômage, à substituer aux travailleurs immigrés des travailleurs nationaux), a peut-être rendu caducs le problème de la concurrence ainsi que toutes les querelles de rivalité, mais elle ne saurait faire oublier une des caractéristiques fondamentales de l'immigration, caractéristique manifeste à l'origine mais plus camouflée aujourd'hui, qui est d'être intrinsèquement (*i.e.* en droit si ce n'est plus en fait) une arme entre les mains du patronat, une arme qui lui sert à faire pression sur la classe ouvrière nationale.

18. À propos de l'autonomie de la sphère politique et des conditions sociales de constitution de cette autonomie, voir par exemple, Jean-Jacques Chevallier, *Les Grandes Œuvres politiques de Machiavel à nos jours,* Paris, Armand Colin, 1949 (première partie « Au service de l'absolutisme » et chapitre I, « *Le Prince* de Machiavel »).

19. Ce que semblait vouloir dire le chef du gouvernement, Raymond Barre, quand il déclarait à l'Assemblée nationale : « Nous changeons d'époque, nous devons changer de politique en ce qui concerne l'immigration » (12.10.1977) ; ou encore : « Il est normal qu'à un moment où la situation de l'économie française change et où les jeunes ont du mal à trouver un emploi nous ayons à reconsidérer notre politique d'immigration » (déc. 1978).

20. Pour une analyse plus complète des transformations corrélatives des conditions génératrices de l'émigration et des conditions correspondantes dans l'immigration, celles-ci réagissant à leur tour au mouvement d'émigration, on peut se reporter, à propos du cas exemplaire de l'émigration algérienne vers la France, à notre article : « Les trois "âges" de l'émigration algérienne », *art. cit.*

21. Dans une autre conjoncture ou tout simplement auprès d'autres agents (les employeurs notamment), ces « qualités » partagées par les immigrés qu'on dit les mieux « adaptés » au travail industriel et aux conditions de vie en France peuvent être fort appréciées : moindre absentéisme, plus grande continuité dans la situation d'immigré et, par suite, plus grande stabilité dans l'emploi et, en raison de cela, meilleur rendement du petit apprentissage donné initialement ainsi que de toute la formation acquise sur le tas tout au long de la carrière d'immigré, etc.
22. Louis Chevalier, « Principaux aspects du problème de l'immigration », *in Documents sur l'immigration,* Paris, INED, cahier n° 2, 1947 (texte rédigé en janvier 1944) ; M. Coornaert, « L'État et l'immigration de main-d'œuvre sous l'Ancien Régime », INED, *op. cit.* Pour mémoire, citons quelques publications se référant implicitement ou explicitement dans leurs titres à la notion de « qualité » en matière d'immigration : Jean Pluyette, *La Doctrine des races et la sélection de l'immigration en France* (Paris, 1930) ; Raymond Millet, *Trois Millions d'étrangers en France, les indésirables et les bienvenus* (Paris, 1938) ; René Martial (médecin) et ses nombreux écrits (ouvrages et articles) sur la « greffe interraciale » dont, notamment, *Traité de l'immigration et de la greffe interraciale* (Paris, 1930), « Race et immigration » (communication à l'Académie des sciences morales et politiques, juill. 1936), *Race, Hérédité, Folie : étude d'anthroposociologie appliquée à l'immigration* (Paris, 1938) ; Paul Bertin, *Promotion de la race en France* (Niort, 1939) ; Paul Vincent, « Les conditions psychologiques d'une immigration de qualité », in *Pour la vie* (n° 4, avr.-juin 1946, p. 37-40) ; *À la recherche d'une patrie, la France devant l'immigration* (Paris, 1946) du Centre d'orientation sociale des étrangers ; Robert Gessain, « Anthropologie et démographie, aperçu sur une recherche du qualitatif » in *Population* (juill.-sept. 1948) ; Jean Audit et Marie Tisserand-Perrier, *L'Eugénique et l'euthénique*, Paris, J.-B. Baillière et fils,1953.
23. Évolution des flux migratoires des Algériens. 1918 : 60 000 (solde) ; 1921 : 48 000 (solde) ; 1923 : 110 000 ; 1931 : 111 000 (solde) ; 1937 : 150 000 (solde) ; 1946 : 22 000 (recensement) ; 1954 : 212 000 (recensement) ; 1962 : 355 000 (recensement) ; 1968 : 530 000 (recensement) ;

1972 : 800 000 ; 1975 : 711 000 (recensement) ; 1982 : 805 000 ; 1990 : 620 000 et en 1999 : 574 000 immigrés d'Algérie. Pour le recensement de 1999, l'INSEE a remplacé les tableaux sur les étrangers selon leur nationalité par des statistiques d'immigrés selon leur pays d'origine ; Voir *Les Immigrés en France*, Éditions 2005, Paris, éd. de l'Insee, 2005, coll. « Références » [NdE].

24. N'échappe pas à cette règle, l'immigration transcontinentale des Européens en Amérique durant tout le XIXe siècle et même jusqu'à la deuxième décennie du XXe siècle (1820-1920) ; cette immigration, qu'une certaine imagerie (littérature, cinéma, folklore) se plaît à décrire comme un transport massif de familles « héroïques » partant à la conquête de terres vierges, présente en réalité, toutes proportions gardées, les mêmes caractéristiques démographiques, sociales et économiques que les immigrations européennes (intra-européennes ou en provenance de pays non européens) postérieures à 1945 : immigration d'hommes (60 % des migrants aux États-Unis entre 1830 et 1915, et 70 % entre 1900 et 1910 ; 70 à 80 % des migrants en Argentine entre 1860 et 1920), d'hommes jeunes (le groupe d'âge de 15 à 40 ans a toujours représenté plus de 66 % des immigrants aux États-Unis ; 83 % entre 1906 et 1910), d'hommes s'établissant non pas dans les terres de l'ouest du pays mais, surtout après 1870, dans les aires métropolitaines de la côte atlantique et dans les centres industriels du Nord, d'hommes occupés non pas dans l'agriculture mais dans les activités industrielles et les transports (Allemands, Anglais et, partiellement, Irlandais dans les activités typiques de la révolution industrielle ; Italiens dans les emplois non qualifiés du secteur des mines, des services, de la construction ou dans les métiers de l'artisanat) ; enfin, d'hommes implantés temporairement dans le pays puisque, durant le dernier quart du XIXe siècle, le taux des retours au pays d'origine se situait entre 30 et 40 % du total des départs pour les émigrants britanniques, italiens, espagnols notamment (entre 1908 et 1915), plus de 50 % des immigrants aux États-Unis sont revenus dans le pays de départ). Pour toutes ces données, voir notamment W. F. Willcox (ed.), *International Migrations* (New York, Bureau of

Ec. Res., 1929 ; rééd. New York-Londres-Paris, Gordon and Breach Publ., 1969, 2 vol.), cité par Alain Bastenier et Félix Dassetto, *L'Étranger nécessaire, capitalisme et inégalités,* Louvain-la-Neuve, FERES, 1977.

25. Évolution des flux d'entrées de l'immigration algérienne dans le cadre du regroupement familial. Nombre de familles : 1969 : 183 ; 1972 : 1 685 ; 1974 : 2 317 ; 1975 : 1 744 ; 1976 : 2 590 ; 1977 : 2 748 ; 1978 : 2 542. 2001 : 2 971 ; 2002 : 3 858 ; 2003 : 3 636. Nombre de personnes : 1974 : 5 663 ; 1975 : 4 249 ; 1976 : 5 832 ; 1977 : 6 365 ; 1978 : 5 565. 2001 : 4 259 ; 2002 : 5 594 ; 2003 : 5 367.

26. Les chômeurs étant inclus parmi les actifs, les taux d'activité mesurés aux recensements de 1968 et 1975 étaient respectivement, pour les immigrés algériens, 51 % (ensemble des hommes et femmes), 65 % pour les hommes et 7,6 % pour les femmes ; pour les immigrés marocains, 67 % (ensemble des deux sexes), 75 % pour les hommes et 13,8 % pour les femmes ; pour les immigrés tunisiens, 53 % (ensemble des hommes et des femmes), 69,5 % pour les hommes et 13,7 % pour les femmes. Pour les Français, on a, au recensement de 1968, 41 % d'actifs au total et, au recensement de 1975, 51,9 % pour les hommes et 30,7 % pour les femmes.

27. Voir la conclusion de l'exposé des motifs introduisant le projet de loi Bonnet modifiant l'ordonnance du 2 novembre 1945, qui tire argument de dispositions adoptées par les autres pays d'immigration, dont la Suisse et l'Allemagne, pour réduire le nombre de leurs immigrés.

28. Ce texte est paru dans *Actes de la recherche en sciences sociales* (n° 32-33, juin 1980, p. 89-104). Il a été écrit à l'époque ou peu de temps après la fin d'une grève des loyers longue de 1 500 jours déclenchée par les résidants des foyers de la Sonacotra (Société nationale de construction de logements pour les travailleurs), et notamment des foyers les plus nombreux et les plus habités.

29. À l'époque, les circulaires Marcellin-Fontanet subordonnent la délivrance d'une carte de séjour à l'obtention d'un contrat de travail et d'un « logement décent ». Depuis 1984, la fusion du titre de séjour et du titre de travail a institutionnalisé la préfecture comme interlocuteur unique

de l'étranger, même si c'est toujours la direction départementale de l'emploi et de la main-d'œuvre qui accorde l'autorisation de travailler [NdE].

30. Outre la justification qu'elle apporte aux pires conditions de logement – « on ne peut faire mieux compte tenu du prix qu'ils peuvent payer », « la compatibilité avec leurs ressources » étant l'un des arguments les plus fréquemment invoqués pour servir d'alibi à toutes les médiocrités –, la représentation sommaire qu'on se fait du travailleur immigré soucieux avant tout d'économiser le plus possible dans les délais les plus courts (travailler le maximum et dépenser le minimum) est tellement forte que, le vouant une fois pour toutes à sa condition de misère, elle interdit de le considérer comme un consommateur, voire comme un consommateur privilégié dans certains cas.

31. Voir ESNA, « Études sur le logement des ouvriers nord-africains dans une entreprise importante du nord de la France », *Cahiers nord-africains*, n°s 11-12, janv-févr. 1951, p. 37-40 (cité par Jacques Eloy, *Pratique et discours social*, ronéo, p. 282).

32. Sonacotra, *Dossier 4 : le point sur les foyers*, septembre 1977, p. 5.

33. *Ibid.*

34. Pour l'analyse de la genèse et des fonctions de la fiction ainsi entretenue, voir : « Les trois "âges" de l'émigration algérienne en France », *art. cit.*

35. « Logement-foyer » s'est semble-t-il substitué dans le langage officiel à l'expression « foyer-hôtel », parce qu'elle semble moins dépréciative, moins stigmatisante et peut-être aussi parce qu'elle incline à réhabiliter la fonction propre de logement, quelque peu oubliée dans les foyers.

36. « Le logement-foyer apparaît comme spécifique. Son fonctionnement s'apparente à celui de certains autres types de logements, mais jamais complètement. Ainsi, le logement-foyer n'est pas un logement nu puisque précisément il est meublé [...]. » Il ne peut être non plus un « logement meublé, ne serait-ce qu'en raison du caractère partiellement collectif indéniable de la vie en foyer [...] », ni même un hôtel, puisque celui-ci, en plus ou malgré « le caractère hôtelier de son exploitation [...], offre des prestations supplémentaires, de même qu'un mode de vie

finalement différent [...], des garanties (moins) insuffisantes [...], une résidence principale [...]. Un logement-foyer est en définitive un mode de logement spécifique» (Commission d'étude pour les foyers de travailleurs migrants, *Présentation du rapport de la commission Foyers pour travailleurs migrants*, Paris, avril 1979, p. 7.

37. Sonacotra, *Dossier 4, op. cit.*, p. 19

38. Commission d'étude pour les foyers de travailleurs migrants, *op. cit.*, p. 10.

39. Gisti, *Les Foyers pour travailleurs migrants*, Paris, CIEMM, 1979, p. 18.

40. La Sonacotra, par exemple, affirme s'être donné comme objectif d'« obtenir un prix de journée compatible avec les ressources des immigrés, le coût journalier du logement représentant environ une heure de travail par jour» (Sonacotra, *Dossier 4, op. cit.*, p. 4).

41. Sonacotra, *Dossier 4, op. cit.*, p. 7.

42. « Il y a en eux [les Nord-Africains en France] des contraires à concilier. D'un côté, ils désirent se regrouper parce qu'isolés (influence de l'*Umma*) ; d'un autre côté, ils sont individualistes par nature (avec des réactions collectives d'ailleurs, par suite de l'influence du régime patriarcal) », ESNA, *art. cit.*

43. On a trop souvent affirmé que les Arabes, habitués à vivre toujours ensemble, sont incapables de loger individuellement dans des logements individuels – ils ne peuvent même pas ou ils ne savent pas, car ils en ont peur, dormir chacun dans sa chambre personnelle – pour ne pas présenter comme un *progrès acquis* (dû, en partie, aux nouvelles conditions de vie dans l'immigration) le fait que les travailleurs immigrés préfèrent le logement en chambres individuelles, même petites, plutôt qu'en dortoirs ou en chambres collectives. Et il aura fallu les résultats d'une enquête pour que la Sonacotra, par exemple, se convainque de cette évidence : « D'après une enquête réalisée par la Cofremca en 1973, 92 % des travailleurs interrogés (87,7 % d'entre eux sont originaires du Maghreb) estimaient qu'il était très important d'avoir une chambre individuelle» (Sonacotra, *op. cit.*, p. 4).

44. C'est le sort qui a été fait, notamment, à l'une des revendications, certes mineure, du Comité de coordination des foyers en grève des loyers et qui portait sur la répartition des dépenses collectives : si les résidants réclamaient l'*individualisation* de la tarification des consommations d'eau, de gaz, d'électricité (ce que l'organisation même du foyer interdit pour des raisons techniques, pareille éventualité ayant été exclue d'emblée) et la séparation du loyer et du coût des services communs, inégalement utilisés (puisque certains services ne concernent qu'une minorité de résidants), ce n'était là, assurément, que l'expression d'un « individualisme » excessif et de mauvais aloi, une revendication méprisable de « gagne-petit » dont les effets négatifs – elle lèse chacun individuellement et elle porte préjudice à la communauté – l'emportent sur les effets positifs (la petite économie réalisée par quelques-uns).
45. Ces conditions sont mentionnées dans presque tous les règlements intérieurs des foyers. Ainsi, le contrat de résidence proposé par la Sonacotra stipule : « Pour garantir la bonne exécution de ses obligations, le résidant verse, à titre de cautionnement et contre reçu, la somme de… » (article 4, « dépôt de garantie »).
46. C'est d'ailleurs là un thème plus général qu'on retrouve dans un grand nombre de situations analogues, toutes les fois que le changement d'espace ne s'est pas accompagné d'un changement de dispositions à l'égard de cet espace et plus radicalement d'une réorganisation totale du système des pratiques et des représentations sociales ; c'est le cas de certains immigrés passés du meublé au foyer comme c'est le cas des familles des bidonvilles relogées en cités d'urgence ou de transit et *a fortiori* dans les HLM (voir Pierre Bourdieu, *Algérie 60*, Paris, Éd. de Minuit, 1977, p. 110-112).
47. Même si cela doit autoriser certaines associations de ce type à ne pas considérer les résidants comme des locataires mais seulement comme des « hébergés » (contre paiement d'un loyer, bien sûr) : « Les cités et les foyers d'*hébergement* étant construits dans un but *social* et *non lucratif*, tout travailleur qui y est admis acquiert la qualité d'*hôte hébergé* dans un

hôtel-immeuble et ce à titre précaire et temporaire et non comme locataire» (Adatarelli, association de la région lilloise gérant 4000 lits).

48. Sur les 240 foyers que la Sonacotra présente au public, tous disposent d'au moins un poste de télévision, tous – à l'exception d'un seul – d'un bar, 183 d'un lieu de rencontre pour les résidants; 180, 83 et 35 foyers comportent des activités respectivement de loisirs, sportives et culturelles; 202 foyers sont signalés pour les leçons d'alphabétisation qu'ils proposent à leurs résidants ou pour la salle de cours prévue à cet effet, 10 pour la formation complémentaire et 10 autres pour l'apprentissage en ateliers qu'ils peuvent dispenser; 239 foyers sont dits en mesure d'assister les résidants dans leurs relations avec l'administration ou pour leur embauche; 42 foyers comportent une mosquée. Les gérants des foyers ne se contentent pas de «gérer le sommeil» des résidants: ils «maintiennent des relations continues, non seulement avec l'environnement immédiat et plus spécialement le quartier, mais aussi avec toutes les instances publiques ou privées susceptibles de les y aider»; « ils facilitent de façon constante le contact des résidants avec les entreprises de la région, les centres de formation professionnelle, les services sociaux, les organisations et groupes utiles à leur promotion» (Sonacotra, *Dossier 4, les foyers et les services, op. cit.*).

49. Les aménagements de ce type sont souvent présentés comme la marque de la tolérance ou du *fair play* des associations gestionnaires des foyers: «le samedi et le dimanche, le nombre de convives dans les salles à manger est très supérieur au nombre des résidants. Malgré les dépenses supplémentaires en eau, gaz, électricité (dépenses supportées pourtant solidairement par les résidants) qui résultent de cette solidarité, les directeurs ferment les yeux» (*Maison du travailleur étranger*, ronéo. de l'association, juin 1975, p. 11).

50. On ne peut que se réjouir, après cela, des résultats obtenus: «Le personnel logé par nous s'est dépouillé de l'aspect sale et déguenillé qu'affichent malheureusement beaucoup de Nord-Africains [...]. L'ouvrier propre et bien habillé se sent digne, nous est attaché et nous sait gré de l'avoir soustrait au gargotier exploitant qui demande 6000 francs

(anciens) par mois pour une chambre sordide et exige autant pour une maigre pitance» (UIMM, *La Main-d'œuvre nord-africaine et son emploi dans les industries des métaux*, n° 2, 1952, p. 35).

51. Sonacotra, *Les Résidents des foyers-hôtels de la Sonacotra*, enquête de la Cofremca, 3 vol., août 1973 et avril 1974; vol. 1, p. 73.

52. «En 1972, une statistique interne de la Sonacotra établissait que, sur 151 directeurs de foyer, 144 avaient effectué une carrière militaire, 93 ayant au moins fait campagne en Indochine et en Afrique du nord, 45 en Afrique du Nord, 5 en Indochine. Parmi les 7 civils, 3 avaient eu une expérience professionnelle en Afrique du Nord (deux y étaient nés). 141 directeurs avaient donc vécu, à un titre ou à un autre, dans un pays du Maghreb, 14 seulement connaissaient l'arabe», Mireille Ginesy-Galano, «Le non-droit des immigrés: la Sonacotra», *Politiques aujourd'hui*, n° 5-6, 1979, p. 19-30.

53. Ce texte a été publié pour la première fois dans *Migrations Société*, vol. 10, n° 57, mai-juin 1998.

54. À condition toutefois que le marché sur lequel elle allait être déversée, marché essentiellement urbain et industriel, soit en mesure de l'absorber.

55. On le dit aussi culturel, et on parle de plus en plus à propos des immigrations actuelles, qui proviennent de continents plus éloignés, de moins grande proximité culturelle ou, plus exactement, de distance culturelle toujours plus grande.

56. Voir Léon et Rébecca Grinberg, *Psychanalyse du migrant et de l'exilé*, Lyon, Césure éd., 1986, 292 p.

57. Retour de l'enfant prodigue parmi les siens en attente de «tuer le veau gras»: l'acte d'émigrer, de rompre avec son groupe, ayant toujours quelque chose de suspect, comme une faute qu'il faudra expier, voire une trahison dont il faut se racheter.

58. Voir Vladimir Jankélévitch, *L'Irréversible et la nostalgie*, Paris, Flammarion, 1983, p. 340-396.

59. Voir Pierre Bourdieu, «L'identité et la représentation», *Actes de la recherche en sciences sociales*, n° 35, nov. 1980, p. 66-69.

60. Nombreuses sont les évocations poétiques de l'espace : on les rencontre en poésie bien sûr, mais elles sont aussi musicales, picturales, mythologiques et même philosophiques. Gaston Bachelard, fouillant les ressorts émotionnels qui nous lient aux éléments naturels et, ici, à la terre, parle de la grisante poétique de l'espace qui nous est familier, de l'escalier de la maison natale : « Au-delà des souvenirs, la maison natale est physiquement inscrite en nous ; elle est un groupe d'habitudes organiques. À vingt ans d'intervalle, malgré tous les escaliers anonymes, nous retrouverions les réflexes du "premier escalier", nous ne buterions pas sur telle marche un peu haute. Tout l'être de la maison se déploierait-il, fidèle à notre être [...]. Le mot "habitude" est un mot trop usé pour dire cette liaison passionnée de notre corps qui n'oublie pas la maison inoubliable » (*La Politique de l'espace*, p. 32) ; « Je suis l'espace où je suis », dit Noël Arnaud, cité par Gaston Bachelard. Et Jankélévitch, philosophe poète, parle, quant à lui, d'une « géographie pathétique, d'une topographie mystique dont la seule toponymie, par sa force évocatrice, met déjà en branle le travail de la réminiscence et de l'imagination ».

61. Vladimir Jankélévitch, *op. cit.*, p. 341.

62. Et c'est d'ailleurs cela que tous les partenaires souhaitent et se souhaitent mutuellement : si seulement l'émigration pouvait se conformer à la représentation idéale qu'on s'en fait, le retour mettant fin assurément à l'absence, même s'il ne dissipe pas totalement la nostalgie.

63. Jusqu'à Ulysse qui, atteignant Ithaque, semble ne pas reconnaître son île, qui pourtant n'a pas changé de place et ne peut en changer, car elle n'est qu'un rocher ; il est vrai que la déesse Athéna l'avait noyée au moment du retour d'Ulysse dans une enveloppe de nuée qui empêcha celui-ci de la reconnaître.

64. Ce héros du retour, héros d'une odyssée qui nous est contée en vingt-quatre chants, et qui conjugue le départ et le retour, le départ en vue du retour, un départ qui est toute l'histoire du retour, un départ qui se continue en une série de péripéties et de pérégrinations (c'est le terme utilisé pour parier de l'émigré, le *peregrinus*) pour aboutir au retour.

65. C'est-à-dire autrement que sous la forme d'une simple futurition abstraite ou d'une projection dans un futur totalement imaginaire ou onirique.

66. Nombreux sont les maximes, les sentences, les proverbes et les enseignements, aussi bien dans la sagesse populaire que dans la réflexion savante et philosophique, qui rappellent que la félicité extrême, la quiétude parfaite, la béatitude, l'extase dont parle Plotin ne sont que dans le retour à la patrie, à quelque horizon qu'on la situe. Pour certains, c'est une patrie spirituelle, métaphysique, celle des attentes eschatologiques, et qui est la vraie patrie de tous les hommes, une sorte de Jérusalem mystique ou de ville céleste, mais cette patrie universelle n'est point de ce monde, reconnaît-on (Plotin, et après lui et dans son langage, Lamennais, par exemple: « La patrie n'est point ici-bas », *Paroles d'un croyant*) ; c'est toute l'odyssée d'Ulysse qui prend chez les néoplatoniciens un sens allégorique, s'élevant aux dimensions d'une immense transfiguration spirituelle (l'en-deçà et l'au-delà de notre monde).

Pour d'autres, patrie locale, pays natal, terre d'origine où on a nécessairement ses berceaux et ses tombeaux, ses premiers commencements et sa fin dernière, patrie qui a un fort pouvoir d'attraction sur ses enfants. Ne dit-on pas, un peu en guise de souhait et pour le plus grand confort de tous, que « là où tu as eu ta naissance, tu auras ta tombe » ?, comme si les mânes du défunt en exil ne pouvaient trouver de paix que sur la terre et sous la terre natale. À défaut du retour effectif et du vivant de l'émigré, le retour *post-mortem* et le rapatriement du corps en vue de son enterrement dans la patrie (locale ou nationale) sont dans certaines traditions ou cultures une obligation morale à l'égard du groupe, et réciproquement du groupe à l'égard du défunt.

67. Être objectivement coupable, c'est être coupable à son insu, coupable indépendamment de sa volonté et indépendamment de la volonté de tous, la culpabilité étant inscrite dans l'acte lui-même.

68. L'émigration est une faute au sens littéral du terme, au sens de « manque » (l'émigré manque au groupe comme l'élève peut manquer les cours, l'absence est en elle-même un manque) ; elle l'est aussi au sens

moral du terme, celui de « manquement », ce dernier sens n'étant d'ailleurs jamais totalement exclu du premier.

69. Souffrances pas seulement physiques mais aussi morales, qui consistent dans les atteintes souvent portées à la dignité, à l'estime de soi, à l'honneur de la personne, toutes réactions qui sont à mettre sur le compte du racisme.

70. Au double sens du terme « revenir », celui de « retour » et celui de « revenir de ses illusions, ou de ses espérances ».

71. Un vocabulaire qu'on retrouve dans le langage juridico-politique de la naturalisation : opération quasi magique de transsubstantiation (au sens religieux du terme) qui consiste à faire d'un non-national (ou d'un non-naturel) un national, ou, mieux, un nationalisé, un naturalisé – mais le naturalisé n'est pas pour autant un naturel.

72. Les termes « politique » et « politesse » ne dérivent-ils pas de la même étymologie ? Les concessions politiques les plus essentielles ne sont-elles pas obtenues souvent par la médiation ou par la ruse de la politesse ? Et, sous prétexte de concessions accessoires et de pure forme, ne cède-t-on pas aussi et souvent sur des choses essentielles ?

73. Entre 1830 et 1915, 60 % des migrants arrivés aux États-Unis étaient des hommes (70 % entre 1900 et 1910) ; 70 à 80 % des migrants arrivés en Argentine entre 1860 et 1920. Selon les pays d'origine, la proportion des hommes parmi les émigrants s'élevait en 1910 à 87 % pour les Portugais, 85 % pour les Italiens, et seulement à 50 à 60 % pour les Allemands, les Autrichiens et les Britanniques.

74. Le groupe d'âge des 15-40 ans a toujours été majoritaire parmi les migrants, quels que fussent le pays d'origine et celui de destination : aux États-Unis, plus de 66 % d'immigrants se situaient dans cette tranche d'âge ; 83 % parmi les immigrants des années 1906 à 1910.

75. Aux États-Unis, les recensements de 1900, 1910 et 1920 faisaient état respectivement de 22,2 %, 22,6 % et 19,5 % d'hommes blancs nés à l'étranger, c'est-à-dire d'immigrants pour l'essentiel européens, dans les villes de plus de 2 500 habitants, contre seulement 7,6 %, 7,7 % et 6,7 % dans les districts ruraux. Tous ces hommes, y compris

pour la plupart ceux qui résidaient en milieu rural, travaillaient non pas dans l'agriculture, comme on aurait pu s'y attendre de la part d'une immigration envisagée dans l'optique d'une politique de peuplement colonial, mais dans les activités industrielles et le secteur des transports (les Allemands et les Anglais principalement, les Irlandais, partiellement, dans les activités typiques de la révolution industrielle ; les Italiens, les plus nombreux parmi les immigrés originaires du sud de l'Europe, dans les emplois non qualifiés de l'extraction minière, de la construction et du bâtiment, dans les métiers de l'artisanat, etc.).

76. Pour toutes ces données, on se reportera utilement à l'annuaire établi par W. F. Willcox, *International Migrations*, *op. cit.*).

77. L'immigration européenne aux États-Unis au cours de la seconde moitié du XIXe siècle constitue une excellente illustration de ce paradoxe. À l'inverse, on peut dire qu'il n'y a pas d'immigration tenue pour être par essence une immigration de travail, et aussi voulue comme telle par tous les partenaires concernés (les deux pays entre lesquels elle se partage et les intéressés eux-mêmes), qui n'ait ou qui ne finisse un jour, sans ses propres effets, l'effet redevenant ici rétroactivement cause, par se convertir en immigration familiale, donc de peuplement.

78. On a toute raison de penser que c'est la France (et non pas l'Angleterre) qui, dans le monde développé actuel, a inventé par la médiation de son empire colonial et, au sein de celui-ci, par le fleuron de ses colonies qu'est Algérie, le recours massif, et aux seules fins d'obtenir une main-d'œuvre salariée et prolétaire, à des émigrés prélevés dans ses terres coloniales. Corrélativement, c'est l'Algérie, pays intensément colonisé et partie prenante du monde du sous-développement en l'état actuel, qui fut conduit, le premier des pays de ce monde, à recourir au travail salarié disponible dans les pays du monde développé.

79. Surtout dans le cas de l'État concerné par l'émigration (dont les moyens de négociation en cette matière sont quasi inexistants), la présence étrangère ou non nationale est de l'ordre de la souveraineté pleine et totale du pays de résidence.

80. Et, bien sûr, pour le plus grand bien de ses immigrés, car on ne conçoit pas, autre illusion, qu'il puisse y avoir antinomie ou seulement divergence entre les intérêts de la nation et les intérêts proclamés des immigrés.

81. Ce retour continue à être regardé comme étant nécessairement, par définition, un retour secrètement désiré – il ne peut en être autrement –, comme un retour que l'émigré n'a pas eu la possibilité matérielle de réaliser, un retour qu'il est toujours en attente de pouvoir satisfaire, mais nullement, car cela est nationalement inconcevable, comme un désir et aussi un objectif auxquels il aurait volontairement renoncé de lui-même.

TABLE DES MATIÈRES

Achevé d'imprimer sur rotative
par l'imprimerie Darantiere à Dijon-Quetigny
en février 2006

Diffusion : Le Seuil
Dépôt légal : 1er trimestre 2006
N° d'impression : 26-0063

Imprimé en France